ERP 컨설팅
주변 이야기
외전

ERP 컨설팅 주변 이야기 외전

발행일	2021년 4월 15일		
지은이	권영근, 김태룡		
펴낸이	손형국		
펴낸곳	(주)북랩		
편집인	선일영	편집	정두철, 윤성아, 배진용, 김현아
디자인	이현수, 한수희, 김민하, 김윤주, 허지혜	제작	박기성, 황동현, 구성우, 권태런
마케팅	김회란, 박진관		
출판등록	2004. 12. 1(제2012-000051호)		
주소	서울특별시 금천구 가산디지털 1로 168, 우림라이온스밸리 B동 B113~114호., C동 B101호		
홈페이지	www.book.co.kr		
전화번호	(02)2026-5777	팩스	(02)2026-5747

ISBN   979-11-6539-701-2 13320 (종이책)   979-11-6539-702-9 15320 (전자책)

ERP 컨설팅 주변 이야기

주변 이야기

외전

권영근, 김태룡 공저

SAP ERP 솔루션의 발전과 현재 위치

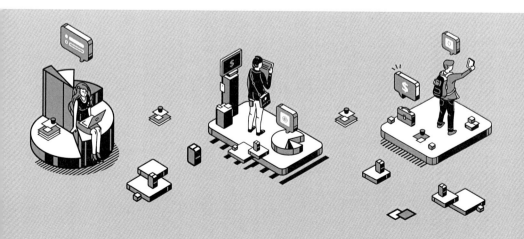

북랩 book Lab

이 책은 필자가 2015년에 출간한 『ERP 컨설팅 주변 이야기』의 후속 작이다.

전작의 출간 후 시간이 흘렀기에 현재의 ERP시장을 다시 분석하여 신간을 내게 된 것이다. SAP ERP는 HANA 기반의 인메모리 기술 기반으로 완전히 바뀌었고, 인프라도 클라우드 기반으로 변경되었고, 기타 ERP도 수많은 업데이트를 통해 발전되어 왔다.

이에 따라 최신의 SAP 트렌드와 각종 ERP 솔루션의 최근 트렌드를 기반으로 업데이트하여 출간하는 책이다.

첫 번째 ERP 관련 책을 출간할 당시에는 SAP A1 ERP를 기본으로 설명하였으나, 이번 책에서는 SAP Business One이라는 독일 SAP사의 SME ERP의 탄생배경과 A1 대비 B1의 특징을 함께 설명한다.

즉, 중견·중소기업을 위한 SAP사의 또 다른 ERP솔루션 중 하나인 SAP B1을 기반으로 모든 SAP 관련 영업, 마케팅, 라이선스 구조, 기능 구조 등을 설명한 책이다.

하지만 이 책이 SAP A1, B1의 기본 기능 사용 방법을 설명하는 매뉴얼 형식의 책은 아니다.

아마존 등에서 검색을 해 보거나, 유튜브를 검색해 보면 SAP A1, B1의 소위 '스탠다드 Core 기능'의 사용법을 설명한 콘텐츠가 매우 많다. 물론 대부분이 영어로 되어 있어서 한국인이 직접 읽고, 보고, 듣기에는 불편함이 조금 따른다.

아무튼 이 책은 SAP B1이 SAP A1과 어떻게 다른가에 대하여 심층적으로 분석한 책이다.

그리고 SAP B1이 어떻게 탄생을 했는지, 또한 현재 SAP B1이 어떻게 전 세계 중견·중소기업 고객 대상 Global 1위 솔루션이 되었는지를 역사적 에피소드와 함께 설명한 책이다.

아마도 이러한 책은 아직 한국 혹은 외국에도 출간된 적이 없을 듯하다.

2015년 SAP A1 위주의 『ERP 컨설팅 주변 이야기』를 출간할 무렵 필자는 한국의 SAP 컨설팅 파트너사에서 본부장으로 근무하면서 SAP를 컨설팅하는 사업을 책임져 왔다.

이때 SAP A1 대비 SAP B1의 장점을 많이 느껴왔다.

그리고 현재는 SAP A1과 SAP B1을 한국과 동남아시아에서 함께 컨설팅하는 회사에 몸담고 있다. 토종 SAP 컨설팅사가 한국뿐만 아니라 베트남 현지에 직접 진출하여 SAP A1과 SAP B1을 함께 컨설팅하는 회사는 현재 필자의 회사가 유일하다.

필자의 회사는 베트남에 진출한 6천 개의 한국 고객사를 대상으로 현지에서 SAP B1사업을 영위하고 있다. 그래서 이번에는 SAP B1의 좀 더 정확한 자료와 전문 지식이 풍부한 전문가가 필요했다.

이를 위해 이번 책은 두 명의 저자가 각각 자료조사를 하고 취합하면서 공동 집필을 하였다.

한국에서 SAP A1 컨설팅 사업을 20년 이상 진행하고, 우리나라에 SAP B1이 소개된 2004년부터 SAP B1사업을 진행한 두 명의 저자가 함께 SAP A1과 B1을 정리하여 출간하게 된 것이다.

두 저자가 경험한 SAP A1, B1 컨설팅 사업 경험을 이번 기회에 에세이처럼 편하게 읽을 수 있도록 소소하게 풀어 볼 생각이다.

또한 두 저자에게 부족했던 점은 실증적인 SAP B1 탄생과 역사적 배경이었는데, 이를 함께 조사해 준 BSG ONE 한국 본사의 모든 임직원들과 BSG ONE VIETNAM의 한국 직원, 베트남 직원들에게 감사를 드리면서 이야기를 시작한다.

Part Ⅱ.
SAP Business One ERP의 시작부터
현재까지의 이야기

Part Ⅰ.

SAP ERP A1, B1
주변 이야기

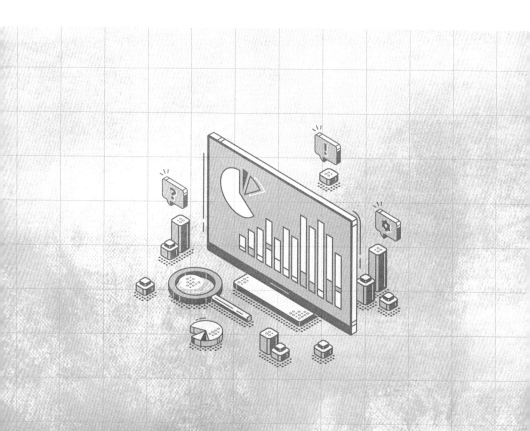

1

SAP A1은 무엇이고, SAP B1은 무엇인가?

많은 사람들이 물어본다.

SAP ERP이면 SAP지, SAP A1은 무엇이고, SAP B1은 무엇인가?

이를 위해 필자의 과거 경험을 통해서 SAP ERP가 한국에 처음으로 구축되기 시작한 역사부터 설명한다.

우리나라에서 가장 처음으로 SAP A1을 구축한 회사는 삼성전자이다. 삼성전자는 1994년 무렵까지 RPG라는 텍스트 기반 기업용 전산 시스템을 사용했다.

그 당시 삼성은 차세대 기업용 전산 시스템을 고민하게 되었고, SAP ERP를 차세대 ERP로 선택하였다. 그리고 가장 먼저 삼성전자 광주의 백색가전 공장에 SAP ERP를 구축했다. 필자가 가장 처음으로 SAP ERP 구축 컨설팅을 시작한 것은 1996년 삼성전자 인도 제조법인에 대한 SAP ERP 구축이었다. 1996년 삼성SDS에 입사한 후 개인적으로는 첫 프로젝트였다. 어떻게 보면 한국 시장에 SAP ERP가 처음 소개되고 2년 후부터 SAP 구축 컨설팅업을 시작했으니 현재 시장에서는 시니어급이라고 할 수 있겠다.

필자(사진 뒷줄 왼쪽에서 두 번째)가 참여한 1997년 삼성전자의 말레이시아 제조법인
SAP R/3 3.1h 버전 프로젝트

그 당시 삼성전자에 구축된 SAP는 'SAP R/3'라고 불렸다. SAP R/3
에는 버전이 있는데, 1996년도에 삼성전자에 구축되기 시작한 SAP는
SAP R/3 3.1.h 버전이다. 줄여서는 그냥 SAP R/3라고 불렀다.

그 뒤 SAP R/3는 버전이 업그레이드되었고, SAP ECC라고 불렸다.

SAP ECC는 6.0 버전까지 나왔고, 그 이후 SAP HANA로 드라마틱
한 업그레이드를 단행하게 된다.

현재 SAP 파트너들이 구축하는 모든 SAP는 SAP HANA 버전이다.

정확하게는 SAP S/4 HANA이다.

SAP가 SAP R/3라고 불리던 그 와중에 SAP는 mySAP, SAP All-In-
One, SAP Suite, SAP enterprise 등등의 명칭을 가지게 되었다. 명칭

만 다르고 기능은 모두 동일하다. 이러한 SAP를 통칭하여 SAP A1으로 부른다. A1은 All-In-One의 약자이다.

그리고 SAP B1은 SAP Business One의 줄임말이다.

SAP A1과 SAP B1의 기본적 차이점 중 하나는 고객사의 규모이다. SAP A1은 대형 고객사를 위한 ERP이고 SAP B1은 중견·중소기업 규모의 고객사를 위한 ERP로 시장에서 포지셔닝이 되어 있다.

정확히 말하면 SAP B1은 독일 SAP사가 직접 개발한 ERP 솔루션이 아니다.
이스라엘 업체가 개발한 솔루션을 SAP사가 인수하여 SAP A1과 같은 기반기술로 탄생시킨 ERP이다.
기능적으로는 SAP A1과 매우 유사하게 만들었으나, 프로그래밍 언어 기반으로 내려가면 완전히 다른 소스로 움직인다.

이제 SAP B1과 SAP A1의 차이를 조금 더 알아보자.

2

프로그래밍 언어의 차이

사용자 입장이 아닌 개발자 입장에서 본다면 SAP A1과 B1은 완전히 다른 ERP이다.

즉, SAP A1의 ABAP 프로그래머가 동일 ABAP 언어로 SAP B1을 개발하는 것은 불가능하다. SAP B1은 .Net 기반의 언어이다.

SAP A1의 개발 컨설팅을 하기 위해서는 ABAP 프로그래밍 언어를 별도로 배워야 하지만, SAP B1은 시장에서 이미 많이 사용되고 있는 .Net 언어이고, C++, Visual Basic 등등의 프로그래밍 언어를 이미 알고 있다면 SAP A1 개발 대비 접근하기가 쉽다.

그렇다고 만만하지는 않다. 왜냐하면 SAP B1 Core 쪽을 개발하기 위해서는 상당히 많은 인고의 학습 시간이 필요하다.

또한 개발언어가 비록 .Net기반이라고 하더라도 .Net에서 파생된 유사 프로그래밍 언어로도 개발이 가능하다 보니 A라는 사람이 Add-On한 프로그램을 B라는 사람이 동일하게 프로그래밍하기가 어렵다.

즉, 유지보수의 연속성 측면에서 SAP A1의 단일 언어인 ABAP 언어 기반보다 SAP B1이 더 어려울 수 있다.

이를 해결하기 위해 대부분의 SAP B1 구축사들은 동일한 개발 방법론과 동일한 개발 프레임 기반으로 개발을 한다.

한국은 그나마 이러한 개발 프레임이 잘되어 있으나, 아직 동남아에서는 미진한 편이다. 필자가 현재 경영 중인 베트남의 SAP 법인 초반에도 이러한 일이 많았다.

예를 들어 베트남 현지에 A라는 고객사가 SAP B1을 사용한다고 가정해 보자. 구축 초기에 개발 컨설턴트로 참여한 개발자가 철수하고 유지보수를 담당하는 다른 개발 컨설턴트가 해당 개발에 대해 추가 개발을 해야 한다. 하지만 손을 대지 못한다.

이유는 맨 처음에 개발한 개발 컨설턴트는 Visual Basic 기반언어로 개발을 했는데, 유지보수를 담당하는 개발인력은 C++ 언어밖에 모른다. 따라서 구축 및 유지보수의 연속성이 떨어진다.

즉, B1은 개발 프레임을 가지고 개발이 되어야 한다.

이러한 개발 프레임은 SAP B1 구축사만의 노하우이자 기술의 집약체이다.

따라서 .Net 기반 언어라 A1보다 진입하기 쉬운 반면, 역설적으로 일반 개발자가 진입하기 어렵다. 특히 프리랜서 개발자가 진입하기가 어렵다. SAP A1 ABAP는 한국 시장에 수많은 프리랜서 개발자가 존재하지만, SAP B1은 프리랜서 시장이 거의 없다.

엄밀히 보면 SAP A1 보다 SAP B1에 개발 인력으로 진입하기가 어렵다고 할 수 있다.

이 이야기는 SAP B1을 선택한 고객사의 경우 B1 구축사의 지속가능성이 SAP A1 구축사보다 더 중요하게 고려되어야 한다는 의미이기도 하다.

그럼에도 불구하고 왜 SAP B1 고객사의 수가 폭발적으로 증가하고 있을까?

그 이유는 단순하다. 한국 시장만 놓고 볼 때, 현재의 SAP B1의 기능은 SAP A1과 거의 대등할 정도로 발전되어 있기 때문이다.

왜 한국 시장만 보느냐고 물어보면, 이는 한국 내의 IT 프로젝트 특성에서 기인한다고 할 수 있다.

한국에서는 IT 구축 프로젝트 사업을 하기가 매우 힘들다. 고객들은 시스템의 '편의성'에 매우 큰 비중을 둔다. SAP ERP는 기성복과 같다. 하지만 한국에서 구축 프로젝트를 하게 되면 상당히 많은 부분을 고객의 입맛에 맞도록 개발을 해야 한다. 즉 기성복이 아닌 맞춤복으로 기존 기성복을 고쳐야 한다.

이러한 특성 덕분에 한국의 SAP B1 Add-On 기능은 전 세계 최고의 수준이다.

외국 컨설턴트들이 보면 매우 놀란다.

이 덕분에 SAP B1의 기능은 SAP A1과 이제는 큰 차이가 없다.

더군다나 SAP A1 대비 매우 저렴하다.

그리고 현재 전 세계 기업용 ERP 시장의 1등 기업인 독일 SAP사의 ERP이다.

SAP B1의 타깃 고객군은 한국의 더존 혹은 영림원 고객과 유사하다. 하지만 Global ERP이므로 Name Value에서 우선 앞선다.

미국의 예를 들어 설명한다. 어떠한 기업이 점점 성장하고 있다. 이제 기업 규모도 성상 중이라 금융 제도긴 펀딩 업체로부터 회사 성장을 위한 추가 자금을 수혈받고자 한다. 이를 위해서 펀딩 업체(은행권)는 해당 업체의 재무제표 및 회계 정보, 투명성 등의 실사를 하게 된다. 이때 펀딩업체 측에서는 ERP를 사용하는 업체가 보여주는 회사 정보에 대해서는 어느 정도 믿음을 가지고 실사를 한다.

특히 Global ERP를 사용 중이라면 자금 수혈을 받기가 더욱 쉽다.

하지만 SAP A1은 비싸다. 추가 자금이 필요한 기업은 이제 막 전도 유망한 중견 기업 정도로 성장해 있다. 해당 기업이 선택하는 것은 SAP B1이다.

왜냐하면 SAP A1과 동일한 개념으로 자원관리가 되는 Global ERP이기 때문이다.

한국도 유사하다.

필자가 경험한 SAP B1 고객군 중 가장 많은 비율은 스타트업 고객이다. 특히 뷰티, 화장품 관련 고객이 근래 3~4년 동안에 폭발적으로 증가했다. 또한 IPO를 준비 중이거나 M&A를 준비 중인 중견 기업에서 많이 선택한다. 그리고 동남아시아 등에 제조를 위한 현지 법인이 존재하는 경우에도 많이 선택한다. 한국 본사에서 베트남 제조법인의 재고원가와 수익성분석 지표를 정확하게 파악, 관리할 수 있기 때문이다. 더군다나 SAP A1보다 훨씬 저렴하게 구축이 가능하기 때문에 해외 지사에서의 선호도도 매우 높다.

SAP A1과 B1이 가지고 있는 가장 강력한 특징은 '모든 구매, 생산, 영업, 물류 트랜잭션은 반드시 실시간 회계 트랜잭션과 함께 발생하며, 이 모든 트랜잭션은 DB상에서 절대 삭제될 수 없으며 수정할 수 없다'는 것이다. 즉 내부통제 및 Compliance 측면에서 매우 강력한 ERP이다.

이것이 다른 ERP와 SAP ERP(A1, B1)의 차이이다. 물론 다른 ERP도 물류 흐름이 회계 정보와 함께 발생된다. 하지만 동일한 DB상에서 실시간으로 물류와 회계 정보가 함께 발생하는 것은 아니다. 배치 프로세싱 개념으로 발생하도록 되어 있다. 또한 DB를 임의로 수정할 수도 있다.

SAP의 기능 중에서 관리회계, 원가 측면까지 깊숙하게 들어가 보면 더욱 차이가 난다.

실시간 이동평균 단가 기반의 표준원가 대비 실제원가 도출은 SAP ERP가 가장 강력하다.

기능적인 이야기는 별도로 더욱 상세하게 다른 항목에서 설명하겠다.

아무튼 SAP A1과 같은 기능의 SAP를 이제는 상대적으로 저렴한 SAP B1으로도 어느 정도 확보할 수 있게 된 것이 현재 한국과 동남아에 진출한 한국 고객 대상의 시장에서 SAP B1이 폭발적으로 성장하는 이유이다.

4 HW 인프라의 차이

현재 대부분의 ERP는 클라우드 인프라 환경에서 관리된다. 세계적으로는 아마존이나 MS 클라우드가 많이 쓰이고 있다.

한국의 IT회사가 제공해주는 한국형 클라우드에도 탑재가 된다. 예를 들어 네이버 클라우드, 더존 클라우드, 그리고 통신사의 클라우드를 통해서도 가능하다.

그리고 HANA DB를 사용한다.

HANA DB와 클라우드의 전성기가 오기 전에는 IDC나 고객사 전산실 등에 HW가 위치하는 방식이 대부분이었다.

특히 DB 쪽은 SAP A1과 B1의 차이가 꽤 큰 편이다.

SAP A1은 오라클 DB를 포함하여 대부분의 DB에 설치가 가능하다. 이에 대비해서 SAP B1은 MS-SQL DB에만 탑재가 가능하다. 즉 DB 성능면에서 SQL DB 정도로 데이터 소규모 처리만 가능한 중견 중소 기업용 SAP인 것이다.

하지만 SAP사가 HANA DB를 출시하면서 불과 몇 년 사이에 상황이 드라마틱하게 변화하기 시작했다.

이제는 대부분의 구축 프로젝트는 HANA DB를 사용하게 되었다.

SAP A1은 SAP사가 기존의 SAP ECC라는 이름까지 변경했다. SAP S/4 HANA가 지금은 가장 최신의 SAP A1이다.

SAP B1도 유사하다. 이제 고객에겐 SAP B1 9.3 HANA 혹은 SAP B1 10.x HANA로 제안하고 있다.

HANA DB는 우리나라 대학에서 전 세계 최초로 만들어진 방식이다. 인메모리 기반 기술이라 속도가 매우 빠르다.

전 세계 최대의 기업용 전산 소프트웨어 회사인 SAP의 시장 점유율이 올라갈 때마다 오라클과 같은 DB업체도 자연스럽게 매출 증대효과가 있었던 측면이 있다.

SAP는 이러한 DB기술도 한국의 대학에서 만든 HANA를 인수하여 이제는 자체 DB를 고객에게 직접 공급한다.

HANA DB를 쉽게 이야기하자면, 요즘 노트북의 SSD로 이해하면 된다.

즉, 요즘 노트북은 HDD(Hard Disk Drive)를 쓰지 않는다. SDD(Solid State Drive)라고 하여, 하드디스크를 대체하는 고속의 보조기억장치로 바뀌고 있다.

SSD 보조기억장치를 탑재한 노트북을 사용해 보면 데이터를 읽고 쓰는 속도가 빠르다는 것을 체감할 수 있다.

이것과 유사한 개념이 HANA이다.

원래는 SAP사에서 대기업, 중소기업용 시장을 구분해서 타겟팅한 것이 각각 A1, B1이었는데, HANA DB가 나오면서 지금은 상황이 조금 변화되고 있다.

매출이 1조가 넘는 회사도 SAP B1을 선택하기 시작한 것이다. 속도도 이제는 어느 정도 확보가 가능하고, 저렴하고, 기능도 유사하기 때문이다.

데이터 처리 속도가 SAP B1의 약점이었으나, SAP B1 HANA가 출시되면서 더 큰 규모의 회사도 이제는 SAP B1을 고려하게 된 것이다.

SAP사 입장에서는 스스로의 SAP 패키지 사이에 시장 간섭이 발생한 것이고, 고객 입장에서는 선택의 다양성이 더욱 증가된 측면이 있다.

HANA DB는 불과 3~4년 전만 해도 SAP 구축사에서 고객에게 제안하는 것을 조금 주저하는 측면이 있었다.

SAP사에서는 SAP 구축 파트너사들에게 강력하게 HANA DB로 구축하는 것을 요구하였고, 파트너 지원 정책 측면으로도 많은 힘을 실어주었다.

하지만 구축 파트너가 망설인 이유는 단순하다.

컨설턴트들이 새로 배워야 했기 때문이다.

SAP A1 측면에서는 SAP ECC에서 SAP S/4 HANA로 변경되면서 사용자 화면 측면, 기능 측면, 커스터마이징 측면에서 많이 변경되었다.

컨설턴트들은 과거 본인들이 ECC 버전에서 익숙한 방식을 선호하였다.

하지만 결국 현재는 SAP S/4 HANA로 구축되고 있고, 기존 ECC 혹은 SAP R/3를 사용하던 고객도 대규모 HANA 마이그레이션 프로젝트를 통해 HANA로 변경하고 있다.

이 책을 출간하는 시점에 SAP A1 프리랜서 시장은 사람이 부족해서 거의 폭발 직전이다.

왜냐하면 삼성전자를 비롯하여 국내 대기업들이 HANA 버전 기반의 차세대 SAP 업그레이드 프로젝트를 몇 년간에 걸쳐 진행 중이기 때문이다. 이 프로젝트에 투입되는 컨설턴트 및 개발자가 수천 명에 달한다.

SAP A1에 비해 SAP B1이 MS-SQL 버전에서 HANA 버전으로 변경되는 시점은 SAP A1보다 매우 느리게 진행되고 있다.

SAP B1 HANA가 속도 측면에서 매우 효율적이고, A1보다 저렴한데 왜 시장 확대는 A1 대비 늦을까?

5 SAP B1 HANA의 시장 확대

왜 SAP B1의 HANA 버전은 SAP S/4 HANA 대비 시장에서 느리게 공급되고 있을까?

SAP B1의 HANA 버전 확장이 느린 이유는 역설적이다.

즉, SAP A1과 거의 유사할 정도로 잘 만들어 놓은 SAP B1의 애드온 기능과 이를 보유한 구축 파트너의 고민 때문에 시장 파급 속도가 느린 것이다.

SAP A1과 SAP B1에서 제공하는 스탠다드 기능을 알기 쉽게 비교하면 다음과 같다.

'SAP A1이 스탠다드 기능으로 제공하는 프로세스가 100이라고 하면, SAP B1의 스탠다드 기능은 50이라고 가정하면 된다.'

즉, 나머지 50만큼의 기능은 SAP B1 구축 파트너사에서 기존 경험을 토대로 직접 개발한 애드온 프로그램이 A1 기본 기능 대비 부족함을 상쇄해주는 것이다.

물론 SAP B1 구축 파트너사에서 직접 애드온한 프로그램도 SAP Global의 qualification을 받아서 프로젝트 시 사용하므로 꽤 높은 품질로 개발되어 있다.

수년 동안의 다양한 프로젝트를 수행해 오면서 개발된 SAP B1의 애드온 프로그램은 구축 파트너마다 다르다.

예를 들어 표준원가의 배부로직 애드온은 SAP B1 구축 파트너마다 개발한 로직이 상이하다. 이러한 애드온 기능이 얼마나 잘되어 있는가는 구축 파트너사 입장에서는 매우 중요하다.

애드온 기능이 잘되어 있다면 고객의 선택을 더 쉽게 받을 수 있다.

그런데 이러한 애드온은 기존 SAP MS-SQL 버전을 바탕으로 개발되어 있다. 수년 동안 축적해 온 MS-SQL 기반의 애드온을 한번에 HANA 버전 기반으로 바꾸기는 불가능하다.

IT 측면으로 DB가 상이하면 개발 프로그램의 DB 사용 관련 프로그래밍도 다시 해야 한다. 즉, 기존 애드온을 HANA 버전으로 모두 변경하지 않을 경우 SAP B1 구축사가 자랑스러워했던 SAP A1과 같은 기능의 애드온 프로그램을 고객에게 제안할 수 없는 것이다.

이에 따라 SAP사에서 HANA 버전으로 고객에게 제안할 것을 강하게 요청을 해도 SAP B1 구축사는 HANA 프로젝트를 주저한 것이다.

기존 MS-SQL 기반의 애드온 프로그램이 HANA 버전으로 각각의 구축 파트너사에서 다시 변경하는 작업이 수년 걸렸다. 이러한 작업은 컨설팅 인력의 고객사 투입 utilization이 주 수입원인 구축사 입장에서는 대규모의 투자일 수밖에 없는 것이다. 더군다나 SAP B1 컨설팅 회사는 SAP A1 컨설팅 회사보다 규모가 작다. 그러니 대규모 투자를 할 수 있는 회사가 그리 많지 않은 것이다.

한국 시장에서 SAP사에 등재된 SAP 공식 SAP B1 구축 파트너사의 수는 SAP A1 구축 파트너사 수의 30% 정도밖에 되지 않는다.

또한 대부분 한국의 SAP B1 인력은 한국에서 가장 먼저 SAP B1 사업을 시작한 2~3개의 회사로부터 파생되어 존재한다. 현재 근무하는 회사는 달라도 대부분 함께 일을 해 본 적이 있는 사이이다.

이는 한국의 SAP B1 구축 파트너 생태계가 매우 협소하다는 의미이다.

이렇게 협소한 생태계이다 보니 각 경쟁사마다 진행하는 애드온 관련 정보도 쉽게 교류가 된다.

한번 시작된 HANA 애드온 R&D에 속도가 붙으면서, 현재 SAP B1 시장도 이제야 HANA 버전으로 제안하는 단계로 변경된 것이다.

하지만 전 세계 구축 파트너사로 확대해 보면 SAP B1도 한국을 제외하고는 상당히 빠르게 HANA로 변경되었다.

이유는 단순하다.

한국을 제외하고 다른 아시아 국가에서 SAP B1 프로젝트는 개발을 많이 하지 않고 SAP B1 스탠다드 위주로 구축되기 때문이다. 한국처럼 애드온의 HANA 변경 작업이 대규모로 진행되지 않아도 구축에 큰 이슈가 없기 때문이다.

필자의 법인이 운영하는 베트남과 한국의 프로젝트를 비교해 보면 매우 큰 차이가 있다.

베트남에는 대략 6천 개의 한국 기업이 진출해 있다.

같은 SAP B1을 구축하더라도 베트남 고객의 SAP B1 애드온 요구는 한국 내 고객 대비 30% 가량이다.

즉, 구축이 빠르고 쉽고 안정적이다. 무엇보다 구축 후 안정화 및 유지보수 서비스가 매우 용이하다(단, 한국 SAP컨설팅 인력이 현지에 있어야 한다).

개인적으로는 이러한 것을 보면서 스스로 질문하게 된다.

'우리나라의 고객 요구가 특이한 것일까, 아니면 외국의 고객 요구가 특이한 것일까?'

그렇다면 한국과 외국의 SAP 구축은 어떻게 상이할까?

6 ERP를 바라보는 한국과 외국의 차이점

차이점은 간단하다.

우리나라는 ERP 구축 시 추가 편의적 기능이나 추가 리포트 개발 요구가 매우 많고, 외국은 ERP를 그냥 받아들인다.

개발을 많이 하는 방식이 무조건 틀렸다고 이야기하는 것은 아니다.

각각의 장단점이 존재한다.

우리나라 기업 고객이 ERP를 선택할 때 어떠한 이유로 선택하는지를 좀 더 명확하게 고민하고 도입하는 것이 필요하다는 의미이다.

In-House 개발 방식으로 기업용 자원관리 시스템을 만드는 회사도 스스로 해당 솔루션을 ERP라고 부른다.

물론 맞는 이야기이다.

하지만 이미 Global 프로세스 개념의 표준 프로세스가 탑재되어 있는 SAP와 같은 솔루션, 한국적인 표준 프로세스가 탑재되어 있는 더존이나 영림원처럼 업력이 길고 지속적인 R&D가 투자된 좋은 솔루션은 그 기능을 가급적 그대로 수용하는 것을 추천한다.

그렇게 해야 담당자가 이직을 할 경우 다른 회사에서 해당 ERP를 써 본 사람이 새롭게 입사를 해도 적응하기 쉽고, 시스템 에러도 적다. 유지보수를 위한 추가 비용도 적다.

즉, ERP 도입은 데이터를 통한 경영 판단 정확성으로 보아야 하고, 사용자의 편의성은 그 다음으로 보아야 한다.

만약 사용자의 편의성을 먼저 생각한다면 그냥 해당 회사에 맞도록 개발 방식으로 접근하는 In-House 방식의 ERP 솔루션이 더 나을 수 있다.

단점이 있다면, 해당 In-House ERP 솔루션 구축사는 대부분 영세하기 때문에 해당 회사가 파산하거나 없어졌을 때 더 이상의 지원이 불가능하니 반드시 자체 유지보수 인력에 대한 추가적인 고려가 필요하다.

아무리 좋은 시스템으로 바뀌도 기존 시스템에 적응된 사람들은 화면 입력부터 불편해한다. 하지만 사람은 적응의 동물이다.

Global ERP는 기성복 양복을 입는다는 개념으로 접근해야 한다.

이러한 한국적 특징이 어떠한 면으로는 한국 내 SAP 구축 파트너들이 전 세계의 다른 SAP 구축 파트너보다 더 많은 애드온 솔루션을 보유하게 만든 원인이기도 하다.

덕분에 우리나라 파트너사의 애드온 솔루션이 SAP Global에도 인정을 받아 새로운 표준 프로세스 애드온으로 추가되는 경우도 있다.

이것이 한국의 SAP B1 구축 파트너들이 SAP A1과 거의 동급 수준의 애드온을 전 세계 SAP B1 파트너보다 많이 보유하게 된 원인이기도 하다.

그리고 현재 한국 시장만 놓고 본다면, 그러한 원인이 바로 SAP B1 이 SAP A1 시장까지 확대되는 이유이기도 하다.

다시 SAP A1과 B1의 차이점에 대해 좀 더 상세한 설명을 계속하고 자 한다.
이번에는 라이선스 이야기이다.

7 SAP A1과 B1의 라이선스 종류는 어떻게 될까?

라이선스라는 것은 SAP ERP를 사용하는 User 수를 의미한다. 즉 10명의 인력이 SAP상에서 데이터를 입력하고, 수정하고, 확인해야 한다면 10개의 User ID를 구매해야 한다.

일반적으로 MS Office나 Window 등의 S/W 구입비용과 같이 생각하면 된다.

그런데 MS Office 같은 경우도 이제는 라이선스를 일괄 지급하고 평생 사용하는 것이 아니라 월별로 지불하는 방식으로 변경되고 있다.

즉 클라우드 방식이다.

SAP 라이선스도 클라우드 라이선스가 존재한다. 즉 라이선스를 사용자 수만큼 월별로 지불하고 사용하는 방식이다.

하지만 클라우드 라이선스를 설명하기 전에 우선 기존 전통적인 SAP 라이선스 종류를 먼저 설명하겠다. 기존 라이선스 유형을 먼저 이해하고 있어야 클라우드 라이선스를 이해하기도 쉽기 때문이다.

SAP의 라이선스 가격은 SAP A1과 SAP B1의 차이가 매우 크다.

단순하게 생각하면 SAP A1 전체 기능을 모두 쓸 수 있는 User ID 1

개의 가격을 100으로 본다면 SAP B1 전체 기능을 모두 쓸 수 있는 User ID 1개는 30 정도이다.

참고로 SAP A1, B1 각각의 라이선스 가격은 전 세계 모두 유로화 기준으로 동일하다. 단지 각 국가별 환율 차이만 있을 뿐이다.

SAP의 라이선스의 가격은 사용할 수 있는 권한을 위주로 크게 2가지로 구분된다(필자가 5년 전에 출간한 『ERP 컨설팅 주변 이야기』에서는 SAP A1 위주로 언급했으나, 이번 책에서는 A1과 B1의 차이까지 함께 설명한다).

SAP A1은 SAP B1보다 좀 더 상세하게 구분된다.

(1) SAP A1 라이선스의 종류

① 개발용 User ID
SAP ERP에서 개발이 필요한 경우는 4GL 언어이자 SAP 개발 전용 언어인 ABAP 언어를 사용하게 된다. 이러한 SAP 내의 개발용 권한을 가진 ID로 반드시 구매해야 한다. List Price가 가장 고가이다.

② Professional User ID
SAP ERP의 사용자 User ID이다. 라이선스, 유저 산정을 할 때 가장 큰 비중을 차지하는 User ID이며, 반드시 필수로 구매해야 하는 User ID이다. 사용자의 모든 권한을 가지고 있는 ID로, 실제 사용 시 권한 설정을 통해 필요 기능만 사용하도록 구성하여 실제 사용자가 로그인하여 시용하게 된다.

③ Limited Professional User ID

Professional User ID에서 권한이 일부 제한된 사용자 ID이다. Professional User ID보다 가격이 저렴하다. Limited Professional User ID의 사용 목적은 어떤 회사에서 특정 SAP의 기능을 조회용으로만 사용하고자 할 때, 모든 권한을 가지고 있는 Professional User ID를 구매하는 경우 가격이 높기 때문에 Limited Professional User ID를 별도로 일부 구매한다. 참고로 SAP Global 정책상 Limited Professional User ID는 Professional User ID의 일정 비율 이내로만 구매가 가능하다.

④ 확장 솔루션 혹은 산업용 솔루션 라이선스

User 수로 산정하는 라이선스가 아니다. 만약 위의 기본 라이선스 외에 확장 ERP나 기타 기능(예를 들어 SCM, SRM, WPB, EAI, 자금관리 모듈)을 구매하거나 산업용 SAP 솔루션(예를 들어 IS-Banking, IS-Oil, IS-Retail, IS-AFS)과 같이 특정 산업군을 위한 추가적인 기능이 SAP Standard로 탑재되어 있는 솔루션에 대한 추가 라이선스이다. SAP 산업용 솔루션을 사용하더라도, 위 ①~③까지의 ID 종류별 라이선스는 반드시 구매해야 한다. SAP 산업용 솔루션과 SAP 기본 솔루션과의 기능적인 차이는 별도로 설명하겠다.

⑤ 그 외

HR payroll 관련 ID, interface ID, Web 접속을 위한 ID, EP ID 등
등이 존재한다.

SAP A1 라이선스 종류 대비 SAP B1은 단순하다.

(2) SAP B1 라이선스의 종류

① SAP Business One Professional ID

SAP B1의 커스터마이징을 포함하여 모든 기능을 다 사용할 수 있는
ID이다. SAP B1 구매 시 반드시 최소 1개의 ID를 구매해야 한다.

② SAP Business One Limited Profession ID

SAP의 사용 권한에 위의 ① 대비 제한이 있는 아이디이다.

③ Indirect Access ID

타 시스템 인터페이스를 위한 전용 ID

SAP사의 SAP A1, B1 라이선스 종류는 위의 구분보다 더 상세하고
복잡하게 구성되어 있다. 하지만 가장 많이 제안되고 현재 사용되는
라이선스 종류는 위와 같다.

그리고 DB 라이선스가 존재한다.

즉 SAP가 HANA DB로 변경되면서 'SAP HANA 엔진 라이선스'가 존재한다.

SAP HANA 버전을 사용한다면 반드시 지불해야 한다.

대신 다른 종류의 DB 라이선스는 구매하지 않아도 된다.

예를 들어 만약 오라클 DB, SQL DB 등의 DB를 사용하는 경우 위의 ID 전체 금액의 일정 비율(%)로 DB 라이선스가 책정된다. 하지만 HANA DB를 사용하는 경우는 지불하지 않아도 되며, HANA DB 엔진 라이선스를 구매해야 한다.

그리고 앞의 SAP A1, B1 라이선스는 SAP 구축 프로젝트와 동시에 구매해야 한다. 이 라이선스를 구매해야 구축 프로젝트가 가능하다. 왜냐하면 라이선스를 구매해야 SAP를 설치하는 Access Key라는 것이 SAP사로부터 나온다.

이 Access Key가 있어야 프로젝트를 시작할 수 있다.

그리고 모든 라이선스 구매 비용은 한 번에 지불해야 한다.

구축 용역비의 경우는 SAP 구축사와의 계약에 의거하여 선급, 중도, 잔금 등의 지불 방식을 협의하여 결정할 수 있다.

하지만 SAP 라이선스는 반드시 한 번에 모든 금액을 지불하고 구매해야 한다.

이것이 SAP사의 정책이다.

그리고 라이선스 관련 또 다른 비용이 있다.

바로 MA 비용이라는 것이다.

MA는 Maintenance Fee의 약자로 SAP 라이선스 구매 금액의 일정 비율(%)을 매년마다 SAP사에 지불해야 하는 금액이다.

SAP를 도입하기 위해서 들어가는 라이선스 관련 비용이 이렇게 복잡하고 이렇게 많다.

독일의 SAP사는 이러한 라이선스가 주 매출이다.

현재 전 세계에서 SAP A1, B1을 사용하는 고객군은 셀 수 없을 만큼 무수히 많다. 전 세계 상장회사의 대부분이 사용 중이다.

이러한 회사가 SAP를 사용하는 동안에는 매년 SAP사에 MA를 지불해야 한다.

SAP사는 연간 수십조 원의 매출을 올리고 있고, 독일 주식시장에서 시가총액 1위 기업이다.

라이선스 관련 설명은 아직도 부족하다.

지금까지 설명한 종류 외에 또 다른 라이선스가 있다.

바로 SAP 클라우드 라이선스이다.

SAP 클라우드 라이선스는 지금까지 설명한 라이선스 종류를 한 번에 구매하는 것이 아니라 월별로 금액을 지불하고 소위 '빌려 쓰는' 방식이다.

이제는 대부분의 SAP는 클라우드 환경에서 가동된다. 이러한 클라우드 환경에서 SAP를 사용할 경우 라이선스를 사는 것이 아니라 빌려 쓰는 개념을 선택할 수 있다.

SAP 클라우드 라이선스를 선택하는 경우에는 MA비용을 별도로 지불하지 않아도 된다.

위의 차이 정도만 이해하고 있다면 SAP ERP 라이선스 구매 시 구매자 입장에서는 꽤 도움이 될 것이다.

그런데 고객사 입장에서 가장 알기 어려운 것이 SAP사와 SAP 구축 파트너사이의 라이선스 비용 및 판매구조이다.

8 SAP 라이선스 판매 방법

ERP 프로젝트의 컨설팅 용역비에 대한 사항 외에 또 다른 중요한 비용적 변수가 라이선스 문제이다.

하지만 많은 사람들이 잘 모르는 것이 라이선스 비용 체계이며, 용역비는 당연히 아까워도 지출해야 하는 비용이라고 일반적으로 생각한다.

하지만 라이선스 비용은 무형의 비용이다 보니 상당히 생소하게 생각하는 사람도 있다. 외산 ERP Solution 공급사의 주된 매출원이 라이선스 매출이다.

그럼 이번에는 프로젝트 관련 비용 중에서 ERP Solution License 비용에 대해 살펴본다.

라이선스 비용이란 해당 ERP Solution을 몇 명의 User가 사용하는가, 어떠한 Database를 사용하는가에 따라 고객사가 Software 공급자에게 지불해야 하는 비용이라고 이미 설명을 했다. 이 설명의 이해를 바탕으로 좀 더 상세하게 설명한다.

보통 라이선스 금액을 결정하는 방법은 해당 고객사의 매출, 조직구조, 인원, 내부통제 등을 고려하여 결정된다.

라이선스 구매 금액 결정 방법은 SAP사의 영업정책이나 고객사의 특성에 따라 달라질 수 있으므로 이 책에서 상세하게 설명하기는 어렵다.

SAP사에서 라이선스를 고객에게 공급한다고 하지만, 실제로 고객사가 구매하는 라이선스 비용은 SAP사에게 직접 지불하지 않는다. SAP의 reseller 파트너(SAP 구축 파트너)에게 지급하게 된다.

즉, SAP사가 직접 해당 고객사를 영업하여 직접 공급할 수도 있으나 파트너사들을 통하여 라이선스를 공급하는 것이다.

수많은 고객들을 모두 SAP가 직접 영업하기에는 고객 수가 너무도 많기 때문이다.

따라서 SAP사와 파트너 관계에 있는 컨설팅 회사를 통해서도 라이선스를 공급한다.

이러한 영업 유형을 크게 Direct, Indirect 라고 구분한다.

즉, Direct는 SAP사가 직접 라이선스를 해당 고객에게 공급하는 방식을 의미하며, 보통 매출액이 큰 대기업들이 ERP를 추진하고자 할 때 이러한 라이선스 공급방식이 사용된다. 쉽게 말해 대기업은 SAP사가 직접 해당 기업에게 라이선스를 공급한다는 의미이다.

이것을 Direct 방식이라고 부른다.

그리고 SAP사의 고객 대부분을 차지하는 전 세계 수십만 곳의 중견기업은 SAP 구축 파트너사를 통하여 라이선스 금액과 구축 컨설팅 금액이 함께 제안되어 라이선스가 공급된다.

이 방식을 Indirect 방식이라고 부른다.

Indirect 방식을 사용하기 위해 SAP 같은 경우에는 ERP 구축 파트너의 품질 관리를 통하여 밀도 있는 파트너 관리를 수행한다.

SAP사와 함께하는 파트너사와의 협력 프로그램을 'SAP Partner Edge Program'이라고 부른다.

필자가 개인적으로 볼 때 'SAP Partner Edge Program'이 SAP사가 현재처럼 수많은 파트너사를 통해 효율적으로 라이선스를 판매하기 위한 밑거름이 되었다고 생각한다.

SAP사가 수많은 전 세계 고객에게 직접 구축 프로젝트를 수행하는 것은 불가능하다. 이러한 구축을 진행하는 파트너사에게 SAP사가 마케팅, 영업, 최신 기술 등을 효과적으로 전달하고 협업하기 위해 만든 것이 'SAP Partner Edge Program'이다.

이 책의 「Part Ⅱ」에서 SAP사가 'SAP Partner Edge Program'을 어떻게 만들고 발전시켜왔는가에 대해 별도로 상세히 설명하겠다.

아무튼 파트너사들의 영업은 SAP의 영업조직과 함께 공조를 하게 되며, 보통의 경우 고객사에서 SAP에 문의를 해 오면 SAP의 영업담당자는 파트너사의 영업담당자로 하여금 고객사의 영업에 대응하도록 한다.

파트너사의 수익원은 SAP 구축 컨설팅 용역비이다. 하지만 추가적인 매출원이 있다.

그것은 바로 Indirect 영업을 통해 구축을 수행하는 고객사에게 SAP 라이선스도 함께 공급하고, 이때 SAP 라이선스의 이익을 SAP사와 파트너사가 나누는 것이다.

즉, 'SAP Partner Edge Program'상에 등재되어 있는 파트너 회사들만 고객에게 SAP 라이선스를 공급할 수 있고, 이를 통해 구축 용역비 외에도 SAP 라이선스 매출도 가지고 갈 수 있게 되어 있다.

당연히 파트너사들이 SAP 라이선스 역시 열심히 팔도록 하는 동기부여가 된다.

그리고 Indirect 방식으로 고객사에게 라이선스를 판 파트너들의 레벨을 상·중·하로 구분하여 약간의 차별적인 인센티브를 수여하게 된다.

그렇다면 차별적인 인센티브란 무엇인가?

이 부분은 ERP 구축을 고려하는 고객사의 SAP 지출 예산 금액에도 영향을 주므로 상세 설명을 하겠다.

하드웨어 판매업체와는 다르게 ERP는 구축을 위한 컨설팅 행위가 반드시 필요하다. 컨설팅 회사는 고객들이 ERP 구축을 희망하게 되면 고객사를 방문하여 각종 프로모션 행위를 하게 된다.

고객사는 본인들이 희망하는 ERP를 구축하기 위해 컨설팅 회사에게 제안요청서(RFP : Request for Proposal)를 보내게 되고, 이 RFP의 요구사항에 맞추어 해당 컨설팅 회사는 제안서를 작성하게 된다. 제안서와 더불어 함께 제공되는 것이 용역비와 라이선스 가격 정보이다. 해당 고객사에 ERP를 구축하는 데 얼마의 금액으로 해주겠다는 가격정보를 밀봉하여 제안서와 함께 고객사에 제출하는 것이 일반적이다.

이 가격 제안에 포함되는 것 중 구축 컨설팅 비용은 구축을 담당하는 SAP 파트너사가 스스로 결정하지만 라이선스 비용은 파트너 등급에 따라 조금 차이가 있다.

컨설팅 회사가 고객사에게 라이선스 가격을 제안하기 위해서는 컨설팅 회사에서도 SAP로부터 라이선스 견적금액을 받아야만 한다. SAP로부터 받은 라이선스 견적을 바탕으로 해당 컨설팅 회사는 일정부분의 마진을 포함하여 고객사에게 라이선스 금액을 제안하게 된다.

이러한 유형에 속하는 것이 바로 Indirect 영업 방법이라고 위에서도 설명했다,

SAP사는 컨설팅 파트너사 중에서 대고객 라이선스 판매가 많은 파트너사에게는 좀더 많은 할인율로 라이선스를 공급한다.

이렇게 되면 SAP 파트너사는 라이선스 판매 대행 마진이 올라간다.

현재 채널 파트너사에는 3가지 레벨의 파트너 등급이 존재한다.

우선 구축 품질이나 라이선스 매출 실적이 가장 높은 파트너사는 골드 파트너라고 부른다.

그 다음은 실버 파트너, 그 다음은 브론즈 파트너(다른 용어로 Association 파트너라고도 함)로 등급이 정의되어 있다.

골드 파트너는 수많은 ERP 구축 파트너 중에 몇 개 안 되며, SAP 파트너사 중에선 규모가 크고 품질 면에서 우수하다고 간주할 수 있다.

따라서 라이선스 구매 시 금액을 절약하기 위해서는 시장에서 골드 파트너인 업체를 통하여 구매하는 것이 효율적이다.

SAP Gold Partner Official Logo
(골드파트너는 해당 회사 로고와 함께 위 로고를 함께 사용할 수 있다)

SAP로부터 얼마나 할인된 가격으로 라이선스를 받는가에 따라 타 컨설팅 회사 대비 고객사에게 공급할 수 있는 금액에 경쟁력이 생기게 된다.

정리하면 이것이 Indirect 영업 방식에서 SAP사와 구축 파트너사이의 협업 방식이다.

그렇다면 모든 컨설팅 회사가 SAP와 채널 파트너 협약이 되어 있을까?

그건 아니다. 파트너 유형에서도 채널 파트너, 서비스 파트너로 구분되어 있다.

현재까지 설명한 대로 라이선스와 컨설팅을 함께 하는 파트너 유형이 채널 파트너이고, 라이선스는 SAP가 고객에게 직접 공급하고 구축 컨설팅 서비스만 맡는 파트너사가 서비스 파트너이다.

서비스 파트너사는 상당히 큰 고객사의 컨설팅을 맡게 되므로 시장에서 매우 유명한 외국계 컨설팅 회사나 국내 대형 SI 회사들이 대부분이다.

지금까지 복잡하지만 라이선스에 대하여 알아보았으며, 마지막으로 HW 부분에 대해 알아보겠다.
HW 부분은 한마디로 이야기하면 고객사가 직접 구매를 하든, 구축 파트너사를 통하여 일괄 공급을 받든 무관하다.
하지만 현재 대부분의 HW는 클라우드로 제안되고 있다.

SAP의 라이선스도 클라우드 라이선스가 별도로 존재하고 있다.
클라우드 방식의 라이선스는 MA가 없으며, 월별로 사용하는 데이터 볼륨, 사용자 수를 바탕으로 월별 지불 방식을 사용한다.

현재의 고객사 대부분은 이미 별도의 클라우드를 사용 중인 경우가 많다. AWA를 사용하고 있거나 MS-Azure 혹은 국내 클라우드 서비스를 사용 중이다. 이러한 경우에도 해당 클라우드에 직접 SAP 사용자 수 및 데이터 볼륨을 고려하여 사용할 수 있다.

9 구축 인력 투입의 차이

SAP A1과 B1의 차이 중에서 구축인력 투입의 측면도 매우 중요하다.

그리고 SAP B1과 유사한 SAP By-Design이란 솔루션도 이번 항목에서 여담으로 함께 설명하고자 한다.

단순하게 이야기하면 SAP B1은 시스템 내부가 SAP A1과 완전히 다르게 구성되어 있는 별도 솔루션이고, SAP A1은 과거 SAP All-in-One 이건, mySAP Busines Suite로 부르건 별 차이가 없다.

그래서 일반적으로 SAP의 종류를 큰 고객용 SAP A1, 작은 고객용 SAP B1으로 구분한다.

HANA DB가 나오면서 지금은 SAP A1은 그냥 SAP S/4 HANA 로 부른다.

SAP 구축 파트너들도 A1 파트너와 B1 파트너로 명확히 구분된다. 단지 규모가 되는 파트너가 A1, B1 사업을 모두 하는 것뿐이다.

구축 컨설팅 인력의 커리어도 완전히 상이하다.

SAP A1 컨설턴트가 SAP B1 컨설팅을 하거나, B1 컨설턴트가 A1 컨설팅을 함께 하는 경우도 거의 없다.

시스템을 configuration하는 방법이 완전히 다르기 때문이다.

SAP A1이든 B1이든, 시장에서 컨설팅을 수행하려고 하면 몇 년간의 지속적인 경험이 필요하다. 즉, 컨설팅 진입장벽이 매우 높다.

업무 프로세스도 모두 알아야 하고, 이에 따라 SAP 커스터마이징하는 방법도 알아야 하고, 애드온 로직을 설계하기 위한 DB 구조도 알아야 한다.

즉, SAP의 한 종류를 컨설팅하기 위한 실력을 배양하는 데 워낙 많은 시간이 걸린다.

이에 따라 한 명의 컨설턴트가 A1, B1을 모두 할 수 있도록 육성하는 것은 매우 어렵다.

투입되는 컨설팅 인력의 규모도 완전히 다르다.

만약 A라는 회사가 SAP A1과 B1 파트너 두 업체로부터 제안을 받았다고 가정하자.

A1과 B1 구축 업체가 고객에게 제안하는 인력 투입계획은, 비록 구축 기간을 동일하게 제안한다고 하더라도 일반적으로 아래와 같은 차이가 발생한다(보통 A1의 구축 기간이 더 길지만 일단 비교의 단순화를 위해 구축 기간은 동일하다고 가정하고 설명하겠다).

(1) SAP A1일 경우 일반적으로 제안되는 인력

Module	M1	M2	M3	M4
PM	1.0	1.0	1.0	1.0
FI	1.0	1.0	1.0	1.0
CO	1.0	1.0	1.0	1.0
SD	1.0	1.0	1.0	1.0
MM	1.0	1.0	1.0	1.0
PP	1.0	1.0	1.0	1.0
ABAP		1.0	1.0	1.0
BC	0.5	0.5	0.5	0.5

(2) SAP B1일 경우 일반적으로 제안되는 인력

Module	M1	M2	M3	M4
SCM	1.0	1.0	1.0	1.0
FCM	1.0	1.0	1.0	1.0
개발		1.0	1.0	1.0
개발		1.0	1.0	1.0

A1은 각 모듈 구성마다 각각의 컨설팅 인력이 구분되어 투입되고, SAP B1은 SCM(생산, 영업, 구매) FCM(재무, 원가) 정도로 구분되어 인력이 투입되는 편이다. PM(Project Manager)도 별도로 투입하지 않고, 컨

설턴트 중 한 명이 함께 맡아서 구축하는 경우도 많다.

현재 한국 시장에서 SAP 컨설팅 인력의 월 단가는 A1과 B1 사이에 큰 차이가 없다.

위의 예에서는 구축 기간도 동일하다고 가정했지만, SAP B1의 구축 기간이 A1보다는 상대적으로 더 짧은 편이다.

단지 SAP A1을 구축하고자 할 때 투입되는 인력이 B1보다 많기 때문에 A1 구축에 필요한 예산이 SAP B1보다 많이 들 수밖에 없는 것이다.

현재 한국 시장을 놓고 보면 위와 같은 차이가 점점 희석되는 중이다.

SAP A1은 1990년대 후반부터 우리나라에서 구축되기 시작했고, SAP B1은 2000년대 중반부터 구축되기 시작했다. 대략 10년 정도의 차이가 있다.

초반에는 시장 규모가 명확하게 구분되었지만 현재에는 그 구분이 점점 흐려지는 추세이다.

그 이유는 SAP B1의 기능이 점점 발전하면서 동일한 업무Scope라도 SAP B1이 A1만큼 커버할 수 있기 때문이다.

앞 장에서 SAP B1의 기능이 SAP B1 Core, 파트너 Add-On으로 구분되어 있다고 설명했었다.

이 중에서 파트너 Add-On이 점점 A1 기능 수준까지 정밀하게 진화하면서 더 저렴한 구축 비용으로도 A1과 유사한 수준의 기능 제공이 가능해졌기 때문이다.

고객 입장에서는 선택의 폭이 다양해졌다는 긍정적 측면이 있으나, SAP사 입장에서는 조금 고민이 되는 측면이 있다.

SAP사는 B1보다 A1을 팔아야 라이선스 볼륨이 훨씬 크다. 그런데 그 시장 포트폴리오 구분이 희석되면서 B1을 선택하는 고객이 증가하고 있기 때문이다.

이를 타개하기 위해서 SAP에서는 B1과 동일한 가격으로 A1을 고객이 선택할 수 있도록 준비를 하게 된다.

이것이 바로 SAP By-Design이다. SAP By-Design은 SAP A1을 기반으로 만들어졌다.

SAP의 SAP By-Design 고객 포지셔닝은 SAP B1의 가격으로 A1을 고객이 쓸 수 있게 하겠다는 의도이다.

SAP By-Design은 월별로 고객이 지불하는 방식으로 사용하게 된다. 클라우드 개념이다.

필자는 개인적으로 SAP By-Design이 처음 나왔을 때 매우 흥미롭게 봤다.

SAP B1 시장을 완전히 잠식할 수 있을 듯했다. 필자의 회사에서도 SAP By-Design 컨설팅 조직을 준비하기도 했다.

가격이 저렴하므로 특히 베트남 시장에서도 반응이 올 것으로 예상했다.

어떻게 되었을까?

SAP사의 의견과는 완전히 상충된 결과가 나왔다. SAP사에서 이 책을 보면 매우 싫어하겠지만, 필자 개인의 의견으로는 SAP By-Design은 시장에서 매우 고전하고 있는 것이 사실이다.

여기에는 두 가지 측면이 있다.

첫째는 고객이 원하는 기능의 확상성이 없다. 그냥 설치된 상태에서 써야 한다. SAP ERP의 사상이 아무리 기성복과 같은 사상이라지만 조금의 기능 수정조차 어렵기 때문에 고객들이 너무 불편해한다.

둘째는 기존 SAP A1, B1 컨설팅 인력 중에서 SAP By-Design을 하고자 하는 인력이 없다.

둘째 의견은 공식적인 의견은 아니고 필자 개인이 생각하는 바이다. SAP By-Design 조직을 구성해 보려고 했을 때 느끼던 것이다. SAP A1 인력은 하나의 모듈에 깊숙한 지식을 가진다. SAP By-Design을 하기 위해서는 SAP B1 컨설턴트처럼 여러 개의 모듈을 한 명이 담당해야 한다. SAP By-Design 자체가 '그냥 쓰는' 개념이 매우 강하기 때문에 고객의 요구를 수용하기도 어렵다. SAP B1 인력도 SAP By-Design에는 그리 관심을 두지 않는다. 비록 SCM 컨설턴트 한 명이 SAP By-Design을 담당한다고 해도 일단 A1 기반으로 탄생되었기 때문에 시스템 내부를 이해하기가 어렵다.

이 책을 집필하는 현재 SAP B1은 점점 발전하여 SAP B1 10.x 버전까지 출시되었다.

SAP 피오리라는 Web 기반 화면으로 구성되어 있다. 즉 SAP By-Design은 고객 측면에서도, 구축 파트너 측면에서도 설 자리가 너무 없다.

과연 ERP는
기업 경영에 도움이 되는가

결론을 먼저 이야기하면, '도움이 된다.'

하지만 '기업 경영에 도움이 된다'는 말을 어떻게 정의하느냐에 따라 도움은커녕 기업 업무 프로세스에 일대 혼란을 야기시킬 수도 있다고 본다.

기존의 기간 시스템이 ERP로 바뀐 회사에서 일을 하는 대리급 인력인 A 씨와 B 씨 두 사람이 있다고 치자.

두 사람은 대학 동창으로 현재는 서로 다른 회사에서 일을 하고 있다. 그런데 그 둘 중 한 명의 회사에서 이번에 ERP를 도입하였다.

ERP 프로젝트에 본인이 직접 현업 PI 인력으로 참여한 것은 아니지만 업무 이슈에 대한 미팅을 하거나, 전체 회의 등에서 몇 번 ERP의 사상이나 Operation 방법을 교육받았다. 하지만 본인의 업무와 관련된 부분에 대해서만 교육받게 되므로 다른 업무 영역 프로세스의 ERP 사용 방법은 알기가 어려울 것이다.

아무튼 ERP는 오픈이 되었고, 오픈 전에 교육받을 때 받은 매뉴얼을 이용하여 본인의 일을 ERP에서 처리하기 시작했다. 그런데 기존 시스템에서는 오더 하나를 등록하는 데 1분이 걸렸고, 그 1분 동안 오더

등록을 위해 입력해야 하는 정보가 10개 정도였다고 치면, 새로운 ERP는 오더 하나 등록하는 데 대략 두 배가 넘는 시간이 걸리는 것이었다.

화면도 완전히 다르고, 여러 개의 화면을 왔다갔다하며 입력해야 하고, 입력해야 하는 데이터는 기존보다 3~4배는 더 늘어났다.

더군다나 예전 시스템에서는 오더 생성을 위한 본연의 정보만 입력하면 되었는데, ERP에서는 회계 원가 정보 같은 것도 함께 입력을 해야 되는 것이다. 따라서 오더 생성 담당자인 이 직원은 점점 짜증이 나기 시작하였다.

그러던 어느날 다른 회사에 다니는 대학 친구를 동창회에서 만나게 되었고, 서로 살아가는 이야기를 하다가, 두 친구의 회사에서 동일한 ERP가 사용되고 있다는 사실을 우연히 발견하게 되었다.

"너희 회사에서는 ERP 잘 사용하고 있니? 난 죽겠던데… 시스템이 불편하고 너무 어려워. 오더 하나 만드는 데 그 어려움이 장난 아니야."

"맞아. 내가 우리 회사 회계부서 담당자로서 느끼는데, 정말 ERP 사용하기 힘들어. 예전 시스템은 회계 전표 하나 생성하는데 1분 정도면 되었어. 그런데 ERP는 화면도 여러 개를 봐야 하고 입력해야 하는 항목도 너무 많아. 그나마 지금은 그 불편한 것이 그럭저럭 적응되어서 사용하고 있지만 정말 추천하고 싶지 않은 시스템이야."

위의 대화처럼 한 회사에서 실무적인 일을 가장 많이 하는 A 씨와 B

씨가 보는 ERP는 정말 불편한 시스템 그 자체이다.

그런데 이처럼 사용자들이 어렵게 느끼는 ERP가 어떻게 많은 회사들에 도입되고 그 수도 점점 많아지는 것일까?

ERP의 도입에 관심이 있는 회사 임원이나 사장이 있다고 치자. 위예의 A, B 씨처럼 A 사장과 B 사상이 특정 모임에서 서로 만나서 대화를 한다.

"이번에 ERP 도입했다며? 돈 좀 들였겠군. 우리는 이제 도입한지 2년 정도 되어 가."

"응, ERP 도입했어. 그런데 ERP 도입하면 좋다고 하던데 아직은 모르겠어. 이제 사용한지 두 달 되어 가는데 내가 원하는 자료도 그리 잘 나오지 않고, 데이터도 많이 틀려. 물론 기간 시스템 전체를 바꾼 거니까 적응하는데 시간이 좀 필요하겠지. 실무자들도 힘들어 해. 실무자들의 의견을 물어보면 다들 불편하게 생각하는 것 같아."

"그렇지. 시간이 조금 필요할 거야. 우리는 대략 2년 정도 사용해 보니 특정 데이터를 상당히 입체적으로 볼 수 있어. 즉, 내가 경영 판단을 하기 위한 기본 자료가 꽤 상세하게 보고가 되기 때문에 그럭저럭 만족해. 하지만 우리 실무 인력들은 아직도 불평을 하지. 그래도 요즘엔 그럭저럭 적응해서 사용하고 있어. 그리고 신입사원은 되려 ERP에 더 잘 적응해서 잘 사용해. 그리고 감사를 받거나 투자를 받을 때 일단 우리 자료를 신뢰해주더군."

"음, 그래? 나도 우리 회사 시스템이 빨리 안정화되도록 신경 좀 써야겠군."

위 대화처럼 ERP는 실무자들의 편의성을 위한 시스템은 아니다. 물론 특정 작업 측면에서는 기존 시스템보다 편리해졌을 수도 있지만, 보편적인 ERP의 사용 목적성을 보았을 때 사용자를 위한 시스템은 아니다. 하지만 기업의 경영판단을 하는 위치에 있는 사람 입장에서 ERP는 매우 강력한 도우미가 된다.

11 ERP 프로젝트 후 성공적인 안정화 방법

부수적인 이야기로, ERP 프로젝트에 참여한 현업 인력이 있다면 해당 인력에 대해서는 회사에서 반드시 보상을 해야 한다.

프로젝트를 진행할 때 투입된 담당자는 본인 업무 외에도 연결되는 연관 부서의 업무 프로세스를 함께 보는 거시적인 안목을 키울 수 있다.

예를 들어 원가 담당자가 ERP 프로젝트에 투입되었다고 하면, 이 사람은 생산 모듈의 제조원가 산출을 위해 생산 담당자와 끊임없이 업무 협의를 하면서 생산 프로세스의 전반적인 ERP 개념을 알 수 있게 된다. 월중 제조원가를 위해 표준원가 개념에 눈을 뜨고, 결산 후 실제원가와의 차이 분석을 통해 본인이 몸담고 있는 회사의 원가 경쟁률 제고까지 가능하도록 실력이 올라간다.

올바른 지휘체계가 있는 회사라면 담당 임원이나 사장 입장에서 그 담당자에게 더 좋은 기회, 리더의 기회를 주어야 한다.

영업 업무 담당자가 프로젝트에 투입되었다고 하면, 해당 담당자는 프로젝트를 하면서 ERP 기본 사항인 영업 유형, 고객 유형, 상품 유형별 수익성 분석을 알게 된다.

이를 통해 데이터 기반의 영업이 가능해진다.

예를 들어 '이번 달 초부터 오늘까지 발생한 매출 중에 A 영업 유형으로 A 고객군에 대해 A 지역에서 A 상품군으로만 발생된 매출 대비 수익정보' 등과 같이 매우 상세한 영업 지표를 통해 영업이 가능하다.

ERP 도입 시 프로젝트에 참여했던 현업 사용자는 기존 현업 업무와 ERP 프로젝트를 함께 담당할 가능성이 매우 높다. 해당 프로젝트 기간 동안은 매우 힘든 하루하루를 보냈을 것이다.

이 사람은 프로젝트 종료 후 ERP를 업무에 활용하는 방법을 해당 회사에서 가장 먼저 이해하는 사람이 된다. 본인이 프로젝트를 통해 알게 된 지식을 다른 동료들에게 전파하는 역할을 해야 한다.

올바른 지휘체계가 가동되는 회사라면 이러한 사람에 대한 기회를 줄 수 있어야 한다.

이런 기회를 주지 않으면 해당 인력은 결국 퇴사를 하게 될 가능성이 매우 높다.

왜냐하면 다른 회사에 더 좋은 조건으로 이직할 가능성이 높아지기 때문이다.

그런데 고객사의 리더들 중에 이 점을 간과하는 리더들이 많은 듯하여 안타깝다.

프로젝트에 투입되어 컨설턴트와 함께 동고동락하면서 수많은 밤을 새우면, 정상적인 프로젝트라면 담당자의 업무에 대한 안목도 올라갈 수밖에 없다.

실제로 많은 현업 사용자 출신이 프로젝트 후 이직을 통해 컨설턴트의 길로 접어들게 된다.

또한 더 좋은 조건으로 기존 근무하던 회사의 동종업계로 이직할 수도 있다.

요즘 대부분의 큰 기업체들에서는 ERP를 기간 시스템으로 사용 중이므로, 이직을 할 때도 해당 업무에 대한 경험과 ERP 프로젝트의 경험이 본인 몸값을 올리면서 이직할 수 있도록 하는 도구가 된다.

좋은 인재를 지키면서도 ERP를 통한 효율적 기업 관리를 하기 위해서, 프로젝트 후에 경영자는 어떠한 방향으로 조직 지휘체계를 고려해야 할까?

첫 번째로는 ERP 활용성 강화 측면에서 조직을 이끄는 방법에 변화를 주어야 한다는 것이다.

ERP를 효과적으로 활용하기 위해서는 임원 본인이 직접 ERP의 자료를 사용해야 한다.

시스템은 변경되었는데, 과거와 동일한 보고자료의 형식을 요구해서는 안 된다.

조직장의 이러한 의지만 있다면 ERP는 오픈 후 효과를 볼 수 있다.

지금까지 수많은 프로젝트를 진행한 경험상 ERP에 자료가 있음에도 이를 이용하여 보고를 받지 않고 ERP 프로젝트 전에 보고용으로 올라갔던 자료 유형을 고집하는 조직장을 수없이 봐 왔다. 심지어 ERP 구축 전에 보던 보고자료와 동일한 색깔 톤으로 보고하라고 하는 조직장을 본 적도 있다. 이렇게 되면 실무자들은 ERP 구축 후에도 보고를 위한 별도의 보고서 작업을 기존과 동일하게 해야 한다.

결국 새로운 ERP에 입력해야 하는 수고는 덤이고 업무보고는 기존처럼 해야 한다. 이렇게 되면 ERP가 빛을 보지 못하게 되는 것이다.

ERP는 경영의 도구이므로 조직장도 공부를 해야 한다는 것을 염두해야 한다.

회사의 중역들이 시스템을 통한 데이터 경영을 습관화한다면, 이 모든 데이터가 집대성되는 ERP에 대한 직원들의 관심도가 올라가게 되며, 결국 상당한 경영 효율 증대로 이어지게 된다.

ERP의 효과를 얻기 위한 경영자의 두 번째 고려사항은 인력관리 측면의 변화이다.

앞에서 이야기한 것처럼 ERP프로젝트에 투입된 인력들은 시스템 오픈 후 업무를 바라보는 시각이 매우 넓어지게 된다. 이는 해당 직원이 이직 시장에서 상당한 품질을 확보한 인재로서 어필이 가능하다는 의미이다.

보통의 회사에서는 ERP프로젝트가 끝난 후 모든 PI 작업, 즉 업무개선 작업도 ERP와 함께 완료된 것으로 간주한다. 프로젝트에 투입된 직원을 다시 프로젝트 전에 소속되었던 팀으로 발령을 내게 된다.

하지만 몇 개월 만에 복귀한 기존 소속팀은 이미 본인 없이도 안정되게 돌아가고 있다는 것을 느끼게 된다. 잘 모르는 직원도 몇몇이 있다. 조금 후면 고과, 승진 시즌인데 다시 복귀한 팀에는 이미 다른 분이 팀장으로 와 있고, 본인의 승진이 걱정되기 시작한다. 이미 업무를 보는 시각이 넓어진 해당 직원은 고민을 하게 된다.

'우리 회사보다 더 큰 회사에서 내가 이번에 진행한 ERP 유경험자 출

신의 원가 담당자를 찾는데 지원해 볼까? 연봉도 더 높은데······.'

결국 해당 직원은 복귀한 원 소속팀에서 적응하지 못하고 다른 회사로 몇 개월 후 이직을 하게 된다.

1년간의 어려운 프로젝트를 통해 이제 막 ERP 시스템을 오픈하고 그 시너지를 기대하고 있는데, 해당 업무에서 ERP 시스템을 가장 잘 아는 인력이 퇴사를 해 버린 것이다.

이 회사가 잃어버리게 된 보이지 않는 기회비용은 막대힐 것이다.

약간 과장된 사례라고 볼 수도 있으나, 실제로 프로젝트 후 많이 보게 되는 광경이다.

만약 이 회사의 해당 직원이 퇴사를 하지 않고, 경영혁신팀이나 PI팀 등에서 ERP 안정화를 좀 더 진행하고 ERP 안정화 이후 회사의 경영혁신을 위한 IT 관련 후속작업을 더 진행하였다면 어떠했을까?

즉, 경영자는 ERP 오픈 후 해당 프로젝트를 진행했던 인력에 대한 관리에 좀 더 신경을 써야 한다.

'ERP는 돈은 돈대로 투자금만 잡아먹고, 직원 이탈도 늘어나게 하는 원흉이군'이란 생각이 있는 경영자라면 그냥 기존 시스템을 계속 활용하는 것이 더 나을 것이다.

하지만 이제는 IT 기술의 활용이 업무 지원만 하는 시대가 아니다.

사업의 매출에 직접적인 연관관계가 있도록 활용해야 하고, 그렇게 할 수밖에 없는 시대이다.

프로젝트는 사람이 하는 것이다. ERP는 단지 도구일 뿐이다. ERP 시스템과 직원은 인과관계가 높지 않을 듯하지만, 사람에 대한 투자와 관리를 등한시하면 ERP 효율화를 기대하기 어렵다.

아래의 내용은 본인이 보통 프로젝트 Kick Off 시 임원진 대상으로 발표를 할 때 'ERP 프로젝트 성공요소' 중 인원과 관련하여 설명할 때 자주 언급했던 자료이다.

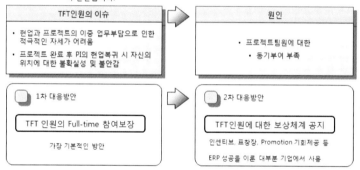

2 Priority 임원진의 지속적인 관심과 지원

기업 전반에 미치는 ERP의 파급 효과와 변화의 크기를 고려할 때, 자신이 속한 조직의 목표 달성에 치중하는 기존의 관행에서 벗어나 보다 통합된 관점에서 새로운 프로세스의 목표 달성에 중점을 두어야 합니다. 특히 경영진의 지속적인 관심 및 지원이 프로젝트 수행에 있어 필수 불가결한 성공요소가 될 것입니다.

- 임원진의 지원이 ERP 프로젝트의 가장 중요한 성공조건
- 임원진의 ERP Project에 대한 지속적인 관심과 적극적인 지원
  임원진의 애정 어린 관심표명 중요
  (주요 보고회나 회의석상에서 TFT인원에 대한 직접 독려, e-mail을 통한 수시 격려 등)
- 프로젝트 팀에 프로젝트 팀원의 인사고과 권한 부여
- 추진위원회에 상정되는 이슈에 대한 신속한 의사결정

12 SAP ERP 구축 비용을 1년만에 회수한 경영 혁신 사례

이번에는 실제 프로젝트 사례를 통해서 설명을 하겠다.

아래의 사진을 한번 살펴보자.

사진에 나온 노트북을 보고 느껴지는 것이 무엇인가?

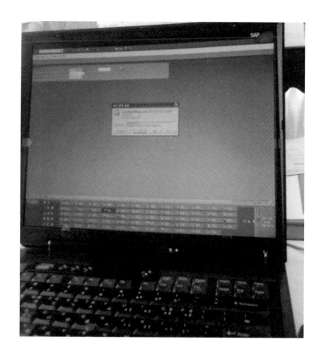

노트북 화면에는 ERP 화면이 크게 보여지고 있고, 화면 하단을 보면 메신저 창이 무수히 많이 켜져 있는 것이 보인다.

이 화면은 실제로 1년 정도의 ERP 프로젝트를 진행하고 힘들게 ERP를 오픈한 지 얼마 되지 않은 프로젝트 TFT 인력의 실제 노트북 화면이다.

이 사진에서 보이는 수많은 메신저 창은 ERP 오픈 후 실제 사용자들이 시스템 문의를 위해 프로젝트 TFT 인력에게 문의 관련 메신저를 하고 있는 것이다.

노트북 옆의 전화기는 계속 울리고 있고, 담당 컨설턴트, 담당 현업 PI의 휴대폰은 쉬지 않는 통화로 열기를 뿜어내고 있었다.

오픈 후 이와 같은 상태가 몇 주 동안 계속 이어지자 사용자들의 온갖 불평불만이 나왔다.

실패한 프로젝트라는 의구심이 나오기 시작했고, ERP 무용론이 고개를 들기 시작했다.

그 뒤로 1년이 지났고, 신문에 다음과 같은 타이틀로 기사가 실렸다.
'생활가전 업체인 XX사, 재고만 줄였더니 원가 226억 절감'

이 회사에서는 ERP 오픈 초기 3개월가량은 기준정보 이슈와 해당 회사 특이 프로세스 처리를 위해 개발한 프로그램의 오류가 심하여 상당한 아픔을 감수하였다.

하지만 안정화 기간을 거치며 ERP를 통한 금전적 효익까지 발생되기 시작하였는데, 특히 재고자산 관리에서 많은 효율을 보았다.

이 부분을 잠깐 설명하겠다.

해당 회사는 CPG 산업군의 대표적 B to C 회사이다.

이 회사는 해당 회사에서 제조한 제품을 판매하기도 하지만 판매 후 유지보수 서비스가 매우 중요하였다. 판매 후 해당 제품의 소모품을 항상 주기적으로 교체해주는 서비스가 필요하였다.

소모품은 공장에서 생산하여 일단 물류센터에 보관하였다가 각 영업지점에서 필요수량 요청 시 배송을 하는 프로세스였다.

ERP 구현 전에는 각 영업지점의 소모품 교체를 담당하는 정비기사가 본인이 교체해야 하는 고객 대상을 체크하고, 이에 맞도록 소모품 재고를 보유해야 했다.

예를 들어 A 영업지점에 홍길동이란 정비기사가 있다고 가정하자.

홍길동 본인이 고객을 방문하여 교체해야 할 소모품은 10개이다. 하지만 본인이 속한 영업지점의 보유 재고는 6개밖에 없다.

따라서 거점 물류센터에 4개의 추가 배송을 요청하였다.

그런데 공교롭게도 물류센터에서도 소모품 재고가 부족하였다.

해당 거점 물류센터에서 부족한 재고에 대하여 생산 공장에 제조를 요청하였다.

생산이 완료된 재고는 물류센터를 통해 해당 영업지점으로 보내졌다. 홍길동 정비기사는 해당 소모품 재고를 가지고 고객을 방문하여 교체를 수행하였다.

상식적으로 큰 무리 없는 프로세스이다.

하지만 위의 사례를 다시 살펴보자.

A라는 영업지점에 소속되어 있는 홍길동 정비기사가 보유한재고가 6개이고, 실제 10개가 필요했다. 홍길동 정비기사가 속한 A 영업지점 근거리에 있는 B 영업지점에는 동일한 소모품 재고를 20개나 더 가지고 있었다.

만약 A 영업지점의 홍길동 정비기사가 근거리에 있는 B 영업지점에 위와 같이 재고가 부족함 없이 남아 있다는 사실을 실시간으로 알고 있다면, 바로 B 영업지점에게 A 영업지점으로 해당 소모품에 대한 재고자산 이동 요청을 할 수 있었을 것이다.

이렇게 되면 물류센터에 추가 재고보충 요청을 하지 않아도 되었을 것이다.

물류센터에서 영업지점으로 배송하기 위한 물류비도 들지 않았을 것이다.

물류센터에서는 제조공장에 추가 생산을 요청할 필요가 없었을 것이다.

따라서 당연히 추가 제조를 위한 비용도 발생하지 않았을 것이다.

고객에게도 좀 더 빠르게 소모품 교체 서비스를 할 수 있었을 것이다.

해당 회사는 ERP 프로젝트를 진행하면서 물류센터에 재고 요청을 하기 전, 거점 영업지점 간의 실시간 재고 수량을 실시간으로 파악할 수 있도록 기능을 구현하였다.

이렇게 되자 물류센터의 부진재고가 없어졌고, 안전재고 개념을 도입하게 되어 정확한 요구수량만 생산하는 프로세스로 개선이 이루어졌다.

이 회사가 이를 통해 절약한 재고자산 절감액이 226억 원이었고, 이것이 각종 신문에 프로세스 개선 성공사례로 소개되었다. 그 당시 이 회사의 매출은 9천억 원 정도였다.

ERP 프로젝트를 통한 해당 회사의 또 다른 개선 효과를 하나 더 설명한다.

해당 회사에서는 정비기사가 고객을 방문하여 교체해주는 소모품 생산 시 POP 시스템을 통해 소모품별로 바코드를 붙여서 고유 시리얼 번호를 관리하도록 하였다.

이 바코드를 확인해 보면 다음의 정보를 실시간으로 파악할 수 있었다.

- 언제, 어떤 공장에서 생산되었는가?
- 해당 공장의 어떤 생산라인에서 언제, 누가 생산하였는가?
- 해당 소모품은 현재 어느 물류센터 혹은 어느 영업소에 위치하고 있는가?
- 해당 소모품은 언제 고객에게 설치가 되었는가?
- 고객에게 설치한 해당 소모품은 다시 방문하여 교체해야 하는가?

수백만 개의 소모품에 바코드를 인쇄하고, 각각을 관리하는 것은 수작업으로는 불가능하다.

전산시스템의 데이터 속도가 유지되어야 실시간 파악이 가능하다.

ERP 프로젝트 시 이렇게 프로세스를 설계하였더니 다음과 같은 효과가 발생하였다.

생산 담당자는 본인이 생산한 제품이라는 것을 생산부터 최종 소비자 수령 후까지 알 수 있게 되었다.

생산 업무 시 본인이 만든 제품의 불량에 대해 더욱 신경을 쓰게 되었다.

또한 제품 하나하나에 대한 불량의 원인을 쉽게 파악할 수 있었다.

물류 배송 시에도 현재 해당 재고자산이 어디에 위치하고 있는지를 정확히 알 수 있었다.

또한 고객에게 설치가 된 재고자산 고유번호가 관리되므로 해당 재고자산별 예방정비이력을 관리할 수 있었다.

고객이 어떠한 제품 사용 특성에 기인해서 어떠한 제품의 유지보수를 더 필요로 하는지를 전산상에서 쉽게 알 수 있게 되었다.

결국 고객이 해당 회사 제품을 사용하는 스타일과 특성을 알 수 있게 되면서, 고객별 특성을 고려한 서비스를 시행할 수 있었다.

또한 고객에게 설치된 재고자산은 Rental 형식인데, 회계적으로 Rental 자산은 회사 소속의 고정자산으로 월 결산 시 수백만 개의 자산에 대한 건별 감가상각 계산을 자동으로 할 수 있게 되었다.

자산 건별로 감가상각을 한다는 것은 자산 건별로 정확한 원가 귀

속이 가능하다는 의미이다.

대단한 프로세스 개선은 아닌 것처럼 보일 수도 있다. 하지만 ERP의 빠른 처리속도 없이는 불가능하다.

해당 기업은 SAP ERP 도입 시 위와 같은 프로세스 개선을 통해 다시 100억 원의 재고자산 관리 절감효과를 보았다고 발표했다.

더군다나 고객 서비스의 정확성이라는 무형의 성과까지 만들었다. 당연히 고객 만족과 인지도 상승을 통한 매출 향상은 더욱 크다.

이 회사가 1년 간의 프로젝트 시 투입한 비용은 100억 원 정도이다.

SAP ERP 도입 후 재고자산 관리의 개선 하나만으로도 불과 1년 만에 프로젝트 비용을 모두 회수하고 몇 배의 효익을 더 창출한 것이다.

하지만 이것은 앞에서 본 컴퓨터 사진에서 아우성치는 메신저가 대변하는 오픈 후 고난의 기간을 거쳐 이룬 성과이다.

13

외국계 컨설팅 회사와 한국 토종 컨설팅 회사가 바라보는 시장의 차이

SAP ERP는 SAP A1도, SAP B1도 고가의 시스템이다. 비록 SAP B1이 SAP A1 대비 저렴하다고 해도 일반 회계 패키지보다는 고가이다.

그래도 요즘에는 그 비용이 많이 감소하는 추세이지만 아직도 기업들이 쉽게 도입을 결정하기는 어려운 시스템일 것이다.

보통 ERP 도입을 추진하는 기업에서 비용 측면에서 가장 관심이 많은 분야가 무엇일까?

아마도 구축 비용의 가장 많은 부분을 차지하는 컨설팅 용역료일 것이다.

하지만 ERP 구축 시에 들어가는 비용에는 컨설팅 용역료뿐만 아니라 ERP 라이선스 및 Hardware 비용도 함께 필요하다.

즉, ERP 구축 시 들어가는 비용을 구분해 보면 첫째는 컨설팅 비용, 둘째는 라이선스 비용, 셋째는 Hardware 비용으로 크게 구분할 수 있다(HW는 이제 대부분 클라우드 형태로 변경되면서 월별 지불하는 구조가 대세를 이루고 있다).

우선 컨설팅 용역 비용에 대해서 분석을 해 본다.

컨설팅 비용은 한마디로 ERP 구축 프로젝트 처음부터 시스템 오픈 빛 안정화 기간까지 지원하는 컨설팅 회사의 용역 비용이다. 보통의 비용은 프로젝트 전체 기간 동안 몇 명의 컨설턴트가 며칠 혹은 몇 달 투입되었는지에 따라 비용이 결정된다.

컨설팅 비용은 외국계 컨설팅 회사인지, 국내 토종 컨설팅 회사인지에 따라 그 단가 차이가 꽤 큰 편이다.

즉, 국제적으로 지명도가 있는 외국계 컨설팅 펌의 daily 용역료는 보통의 국내 토종 컨설팅 펌의 daily 단가보다 최소 20% 정도 높고, 간혹 60% 이상 높기도 하다.

외국계 컨설팅 펌이 고객에게 제시하는 컨설팅 비용이 낮아지기 힘든 이유가 있다.

이는 해당 외국계 컨설팅 펌이 특정 고객의 프로젝트 수주전에서 반드시 수주하고자 하더라도 해당 컨설팅 펌 본사의 최소 마진 범위 기준 때문에 수주전에서 떨어지는 경우가 있기 때문이다.

보통의 외국계 컨설팅 펌에서는 내부적으로 특정 가격 이하로 수주를 진행하지 못하게 consulting price procedure가 결정되어 있다. 따라서 특정 고객에 대한 수주전 진행 시 해당 수주전에서 제시할 가격을 해외 본사로부터 confirm받고 진행하여야 한다.

또한 해당 외국계 펌이 진출한 나라의 매출 중 소위 '이름 사용권'과 같은 막대한 비용을 본사에 지불해야 한다. 이 때문에 어느 정도 높은 컨설팅 가격을 유지해야 한다.

따라서 만약 수주전에 일반 토종 컨설팅 회사가 함께 경쟁을 하는 경우 가격전에서 외국계 회사가 밀릴 가능성이 다분하다. 이 경우 외국계 컨설팅 회사는 가격보다는 컨설팅 회사의 국제적인 지명도 및 동종 산업 경험 등으로 고객에게 어필하게 된다.

하지만 정말 외국계 컨설팅 펌의 인력, 동종 산업 경험, 프로젝트 방법론 등이 토종 컨설팅 회사보다 뛰어날까?

프로젝트 수행 사례는 토종 컨설팅 회사보다 압도적으로 많다. 이를 통해 보유하고 있는 프로젝트 제반 자료의 품질이 뛰어나다. 하지만 특정 고객을 위한 프로젝트에서 가장 중요한 것은 투입되는 컨설턴트의 품질이다.

보통 외국계 컨설팅 회사에서는 ERP 컨설턴트를 자체 인력으로 많이 보유하고 있지 않다. 그 이유는 employee retention 측면에서 이직률이 높은 컨설팅 분야의 utilization이 높지 않을 경우를 대비하여 자체 인력을 많이 보유하려 하지 않기 때문이다.

따라서 프로젝트 PMO 조직에 해당하는 인력은 자체 인력으로 투입하고, 실제 업무 프로세스별로 일을 해야 하는 프로세스 컨설턴트는 국내 로컬 컨설팅업체 인력을 사용하거나 프리랜서를 사용하게 된다.

이 경우 해당 프로젝트의 품질은 해당 프로젝트에 투입되는 컨설턴트의 실력과 개성에 따라 많이 좌우되며, 프로젝트를 수행하는 회사의 경험이나 구현사례 등은 많이 활용되지 못한다.

그럼 해당 프로젝트에 투입되는 하청업체 소속 컨설턴트나 프리랜서는 외국계 컨설팅 회사를 위해서만 일을 하는가?

당연히 아니다. 일거리가 있는 프로젝트에는 어느 곳이나 투입된다. 따라서 토종 컨설팅 회사가 수주한 프로젝트에도 외국계 컨설팅 펌이 수주한 프로젝트와 동일한 품질 및 경험의 컨설턴트가 투입된다.

되려 능력이 더 우수한 컨설턴트가 토종 컨설팅 회사의 프로젝트에 투입될 가능성이 높다. 왜냐하면 외국계 컨설팅 회사 소속의 컨설턴트 중에는 보통 애널리스트 급의 초·중급자가 많다. 즉, 국내외에서 상위권에 드는 대학을 졸업한 사람들이 외국계 컨설팅 회사에 채용된다.

ERP 컨설팅은 진입장벽이 매우 높다.

어느 고객사가 SAP 컨설턴트 초급을 쓰고 싶을까?

가급적 경험이 많은 인력을 선택하고 싶을 것이다.

외국계 컨설팅 펌에는 ERP 관련 분야도 있고, 전략 컨설팅, 경영 컨설팅 분야도 있다.

신입사원에 대한 육성을 위한 투자 시스템도 토종 컨설팅 펌보다는 잘되어 있다.

외국계 컨설팅 펌의 지명도를 기반으로 초급 인력이 ERP 프로젝트에 투입되는 경우가 토종 컨설팅 회사보다 많다.

외국계 컨설팅 펌에는 강력한 PMO 조직과 글로벌 레퍼런스라는 축적된 무기가 있으므로, 이것이 해당 초급 인력의 경험을 상쇄한다고 볼 수 있다.

정리를 해 보면, 컨설팅 용역비는 외국계가 토종보다는 비싸다.

고객사 입장에서, 컨설팅을 수행하는 회사 지명도를 통한 리스크 관리를 중요하게 고려한다면 비싸더라도 외국계 컨설팅 회사와 일하는 것이고, 만약 ERP 프로젝트에 투입되는 컨설턴트 능력 대비 저렴한 용역비

지출을 더 우선시한다면 토종 컨설팅 회사와 일하는 것이 일반적이다.

하지만 이는 프로젝트의 비용 측면만 고려한 사항이다.

이 책을 읽고 있는 독자가 백억 원 이상의 예산을 투입하는 프로젝트를 진행해야 하는 입장이라고 가정해 본다.

여러 컨설팅 업체가 경쟁하고 있다 가정하고, 책을 읽고 있는 독자 본인이 업체를 결정해야 하는 위치라면 어느 업체를 선택할 것인가?

경쟁 입찰에 들어온 컨설팅 업체 중 절반은 외국계나 국내 굴지의 SI 회사이고, 절반은 국내 선두권 토종 로컬 업체이다.

외국계 펌이나 대형 SI 회사의 평균 제안 총금액은 백억 원을 초과하고 있고, 토종 로컬 업체는 30~40% 정도 더 저렴하다.

외국계나 대형 SI 회사를 선정하더라도 국내 토종 업계가 보유하고 있는 컨설턴트가 하도급으로 투입되어, 업무 영역별 컨설턴트의 실력 차이는 대형업체나 토종업체 사이에 차이가 없다고 가정하자.

이 경우 가격이 싸다는 이유만으로 토종 업체를 선정할 수 있을까?

이런 대형 프로젝트의 경우 업체를 선정해야 하는 사람 입장에서는 프로젝트 진행 리스크를 절대 간과할 수 없을 것이다.

제안 가격이 비싸더라도 더 안정감이 있는 PMO 조직을 갖춘 대형 SI 업체나 외국계 업체가 구축 주계약자로 선정될 가능성이 매우 높을 것이다.

즉, ERP 구축 시장에서 외국계나 국내 대형 SI 회사가 경쟁을 벌이는 시장과 토종 로컬 업체가 경쟁을 벌이는 시장은 구분되어 있다는 의미이다.

14

산업용 ERP 솔루션의 특징
(SAP A1 기준)

SAP ERP 소개 자료를 본 사람이라면 SAP 모듈별 간략한 소개를 본 적이 있을 것이다. 이때 함께 소개되는 항목으로 산업별 Best Practice 솔루션에 대한 소개가 있다. 보통의 경우 ERP는 Best Practice가 함께 포함되어 있고, 해당 Best Practice는 다음과 같은 여러 산업군별로 존재한다고 설명한다.

- SAP for Retail
- SAP for AFS(Apparel & Footwear Solution)
- SAP for Consumer Product
- SAP for Automotive
- SAP for Banking
- SAP for Aerospace & Defense
- SAP for Public Sector
- SAP for Financial Service Provider

  ⋮

이 산업별 Best Practice는 특정 산업군에서 존재하는 프로세스가 ERP상에 기 탑재되어 있으므로 고객사가 속하는 산업군별로 Standard상에서 이용할 수 있는 프로세스가 좀 더 안정적으로 존재한다고 이해할 수 있다.

이를 다른 말로 이야기하면 다음과 같은 산업별 기능이 탑재된 솔루션으로 구분된다고 이해해도 된다.

이와 같이 꽤 많은 산업별로 솔루션이 구성되어 있다.
과연 산업별 솔루션은 SAP 기본 솔루션과 무엇이 다른 것일까?

이 산업별 솔루션 중에 필자가 프로젝트 수행 시 경험을 했던 산업별 솔루션을 기준으로 설명을 해 보도록 하겠다.

예를 들어 어떤 패션회사가 있다고 가정한다.
이 회사는 직영매장과 대리점을 보유하고 있다. 참고로 회계적으로 보았을 때 물류센터에서 직영매장으로 이동되는 재고자산은 매출이 아니며, 재고 이동의 한 종류일 뿐이다. 직영매장에서 실제 고객이 해당 제품을 구매할 때가 실제 매출발생 시점이다. 대리점의 경우는 물류센터에서 대리점으로 재고자산이 이동될 때가 해당패션회사 입장에서는 매출이다. 따라서 ERP상의 영업물류 모듈과 회계모듈, 원가모듈에서는 직영매장과 대리점으로의 재고자산 이동 시 회계적으로 부합되도록 시스템을 구축하게 된다.

이렇게 물류와 회계가 함께 발생하는 기능은 SAP 기본 기능으로 모두 구축 가능하다.

그런데 만약 직영매장에서 고객이 해당 패션회사의 옷과 장신구를 구매하는데, 매장에 설치되어 있는 POS(Point of Sales)에서 매출이 발생된다면 어떻게 POS의 상거래를 ERP에 적용시킬 수 있을까?

또한 만약 해당 패션회사가 보유하고 있는 직영매장과 대리점이 1천 개라고 가정하고, 물류센터에서 각각의 매장으로 물건을 배송할 때 수많은 매장과 수많은 제품 종류(컬러, 사이즈 등)별 재고자산을 어떻게 효율적으로 할당을 할까?

물론 이 역시 SAP 기본 기능을 통해서도 구현이 가능하다.

하지만 실무 담당자는 SAP상에 매우 많은 제품을 매우 많은 매장(SAP적으로는 Plant로 정의된다)으로 구분하여 제품이 이동되도록 수기로 할당 작업을 해야 할 것이다.

이러한 Retail 산업군에서 빈번하게 발생되는 프로세스를 좀 더 고려하여 설계된 것이 산업별 솔루션이며, 현재 사례에서 구현된 것이 SAP for Retail 솔루션이다.

SAP for Retail 솔루션에서는 위의 두 가지 사례를 다음과 같이 처리하는 기능이 Standard에 기본 탑재되어 있다.

우선 POS 연동을 위한 기본 기능이 존재한다.

만약 고객이 매장에서 스타일이 완전히 상이한 옷 2벌과 지갑 하나를 해당 패션회사의 상품권과 현금, 그리고 나머지 금액을 신용카드로 계산하는 복잡한 경우라고 해도 POS에서 쉽게 처리 가능하고 SAP에도 자동으로 연계된다.

매장 직원이 고객의 구매 상품에 대한 결제를 발생시킬 때 SAP상에서는 실시간으로 Sales Order → 출고 → Billing → 수납의 프로세스가 일괄적으로 자동 발생된다. Retail 솔루션이 아닌 SAP 기본 솔루션이라면 위 프로세스를 모두 각각 누군가가 발생시키거나 개발을 통해 자동화해주어야 했을 것이다.

또한 물류센터 직원이 1천 개의 매장별로 상품을 할당하고 배송할 때도 Auto Allocation이란 기능이 있어서 1천 개의 매장별로 원하는 상품을 일괄 할당할 수 있는 기능이 있다. 만약 SAP 기본 솔루션이라면 이 프로세스도 누군가가 하나씩 할당 처리를 하거나 대량 할당이 되도록 개발해야 했을 것이다.

SAP for AFS 솔루션도 패션 의류 회사의 프로세스를 탑재하고 있다.

보통의 제조회사라면 하나의 제품이 생산되면 그 제품이 하나의 Material Master가 된다. 하지만 패션 의류 회사의 경우 하나의 코트라고 해도 매 시즌마다 각각의 사이즈별, 컬러별로 수많은 Material Master가 존재한다. 그리고 이러한 사이즈별, 컬러별로 생산된 코트가 동일한 코트라고 연결해주어야 할 것이다. 이렇게 사이즈별, 컬러별로 상이한 동일 유형의 제품을 하나의 Material Master로 관리할 수 있게 해주는 기능이 탑재되어 있는 것이 SAP for AFS 솔루션이다.

SAP for Oil 솔루션은 정유사의 정제 프로세스나 원유의 배송에 있어서 소위 '항차' 관리라는 것을 해주어야 한다.

유조선이 입항하게 되면 거대한 유조선의 탱크에 실어 온 원유를 다시 나누어 싣거나 파이프 라인으로 운송해야 한다. 이때 액체인 원유를 벙기씨유나 등유, 경유, 슬러지(아스팔트 원재료) 등으로 정제할 때까지 일련의 정유업계만의 특수한 프로세스를 탑재하고 있는 것이 SAP for Oil 솔루션이다.

SAP 기본 솔루션이 일반 전자제품 제조에 최적화되어 있으므로, 정유사의 특수 프로세스를 위해 별도 솔루션이 존재하는 것이다.

필자의 경험으로 볼 때 이러한 SAP for XX 솔루션은 일반 SAP 기본 솔루션 대비 구축 수요가 많지는 않다. 하지만 ERP를 사용하고자 하는 특정 산업군 소속의 고객 입장에서는 당연히 먼저 고려하는 산업별 솔루션임에는 틀림없다.

산업별 솔루션을 사용하고자 하는 고객사는 위와 같은 특이 산업군의 경험이 있는 컨설턴트를 사용하기 위한 용역단가의 증가를 고민해야 한다.

시장논리로 공급자보다 수요자가 많으면 비쌀 수밖에 없다.

또한 SAP 산업별 솔루션을 사용하기 위해서는 앞 장에서 이야기한 사용자 수에 따른 라이선스 외에도 산업별 솔루션 라이선스도 추가로 구매해야 한다.

이러한 금전적 이슈 때문에 보통 산업별 솔루션은 대기업군에서 많이 고려되는 경향이 있다.

SAP 산업별 솔루션에 대한 필자 개인의 의견은 솔직히 조금 부정적이다.

여기에는 두 가지 측면이 있다.

첫째, SAP 산업별 솔루션은 사용자 수 기반의 라이선스뿐만 아니라 산업별 솔루션 사용 라이선스를 추가로 구매해야 한다. 그런데 산업별 솔루션 사용 라이선스 구매 기준이 해당 고객사의 매출액을 기반으로 계산된다. 즉, 동일한 산업별 솔루션을 구매하더라도 해당 고객사의 매출이 크면 더 많은 돈을 지불해야 한다.

연 매출이 1조 원인 회사와 2조 원인 회사가 동일한 산업별 솔루션을 구매할 때, 산업별 솔루션 라이선스 금액이 달라지는 것이다. SAP사 입장에서는 필자의 의견을 싫어하겠지만 필자 개인적으로는 불합리하다고 본다.

둘째, 산업별 솔루션은 분명 특정 업무 프로세스에 대한 장점은 존재하지만, SAP Standard 솔루션의 일부 기능을 쓰지 못한다는 단점도 존재한다. 예를 들어 SAP Retail Solution은 제조원가 기능이 없다. 이 이야기는 SAP Retail 산업별 솔루션을 사용하는 고객사에게 제조 공장이 있다고 하면, SAP Standard도 함께 쓰지 않는 이상 제조원가 계산이 안 된다는 것이다.

만약 신발을 만들어 신발 브랜드사에 납품하는 신발 제조 공장이 원청의 오더에 의거하여 생산을 하는데(이것을 Make to Order 생산 방식이라고 부른다), 공장에서 SAP AFS Solution을 사용하는 경우, 하나의 주문 오더에 연결되어 있는 자재는 다른 제품 생산을 위해 전용이 불가능하다. 이를 SAP적 용어로 Restrict Stock이라고 부른다. 원청 고객사의 오더 기준으로 제조원가를 산정할 수 있다는 장점은 있으나, 주문 오더의 빈번한 변경 시 매우 불편하다.

15 ERP 컨설팅 분야에 취업하기

요즘엔 대학에도 SAP 관련 학과가 있어서 SAP 분야에 관심을 가진 많은 학생들이 학교에서도 공부를 하고 있다. 이는 필자도 요즘 피부로 느끼고 있는데, 예전엔 기업체 대상 ERP 강의나 경영혁신 강의 요청이 주를 이루었으나 요즘엔 대학에서 ERP 관련 강의 요청도 꽤 많이 들어온다.

그만큼 IT 관련 학부나 전공분야의 학생들도 ERP 관련 분야 취업에 관심이 많아졌다는 의미일 것이다.

하지만 현재의 학생들에겐 조금 어두운 이야기일 수 있는데, 솔직히 대학에서 ERP 분야를 전공했다고 해도 ERP 컨설팅 업계에 취업하는 것이 그리 쉽지는 않다.

물론 ERP 분야를 공부하지 않은 대졸 취업 준비생보다는 환경이 좋은 편이다.

그렇지만 역시나 취업이 그리 쉽지는 않다.

그래도 방법이 전혀 없는 것은 아니다.

컨설팅 분야에 취업하는 방법을 알기 위해서는 보통의 컨설턴트 출신 유형을 살펴보면 이해하기가 쉽다.

필자가 지금까지 경험한 것을 바탕으로 ERP 컨설팅 업계에서 일하는 컨설턴트의 출신을 정리하면 다음과 같다.

- 본인이 다니던 회사가 ERP를 도입할 때 본인이 프로젝트에 현업 PI 인력으로 참여한 후 ERP 컨설팅 업계에 들어온 경우
- 대학 졸업 후 취업을 할 때 대기업 계열 SI 회사나 IT 부서로 취업하여 계열사 ERP 프로젝트 경험을 한 경우
- 대학 졸업 후 외국계 컨설팅 회사나 회계법인에 취업하여 해당 컨설팅 회사에서 ERP 교육을 받은 후 ERP 컨설팅 분야에 발을 디딘 경우

필자가 직접 인터뷰를 할 때 인터뷰이의 이력서를 살펴보면 대부분 위의 세 가지 경로를 통해 ERP 분야에 발을 디딘 것으로 분류된다.

각 케이스별로 일할 때의 특징을 살펴보면 다음과 같다.

(1) 본인이 다니던 회사가 ERP를 도입할 때 본인이 프로젝트에 현업 PI 인력으로 참여한 후 ERP 컨설팅 업계에 들어온 경우

우선 이 경우에 포함되는 인력은 꽤 깊은 업무 지식을 바탕으로 ERP 프로세스 컨설팅을 할 줄 안다. 따라서 함께 일하는 현업 멤버와 업무 프로세스 이야기를 나눌 때 깊이 있는 대화가 가능하다. 왜냐하면 본인이 예전에 해당 현업 멤버였던 경험이 있으므로, 현업 입장의

아쉬운 점을 잘 이해한다.

이런 케이스의 사람들은 Blue Print 단계 혹은 To-Be Freezing 단계에서 프로세스 이슈를 해결하는 것에 강하다. 하지만 본인이 근무했던 회사와 상이한 산업군에 포함되는 회사의 프로젝트에 투입되었을 때 산업군별 특이 프로세스에 약하다는 단점이 있으며, 본인이 다녔던 회사에 구축되었던 프로세스를 먼저 고려하는 경향이 있다.

(2) 대학 졸업 후 취업을 할 때 대기업 계열 SI 회사나 IT 부서로 취업하여 계열사 ERP 프로젝트 경험을 한 경우

두 번째 케이스 출신은 ERP 테크닉에 상당히 강하다. 예를 들어 개발 로직, ERP 데이터베이스, 프로그램 개발 기술 등을 입사 후 먼저 교육받게 되는 것이다. 이 지식을 바탕으로 점진적으로 업무 프로세스를 익혀 나가면서 ERP 프로세스 지식이 증가하게 된다.

이런 케이스의 사람들은 시스템 오픈 후 경험하게 되는 각종 시스템 이슈에 강하다. 왜냐하면 ERP 시스템 오픈 후 가장 많이 발생하는 시스템 이슈는 개발한 프로그램에서 발생하기 때문이다. 이때 시스템 HW적인 지식이나 개발 언어 지식을 보유하고 있으므로 오픈 후 발생하는 개발 이슈 대응에 매우 강하다.

(3) 대학 졸업 후 외국계 컨설팅 회사나 회계법인에 취업하여 해당 컨설팅 회사에서 ERP 교육을 받은 후 ERP 컨설팅 분야에 발을 디딘 경우

마지막 케이스 출신은 프로젝트 방법론에 기초한 ERP Standard 프로세스 지식이 강하다.

또 이러한 케이스의 컨설턴트는 컨설팅 회사에서 많이 수행하는 PI/ISP 프로젝트 스킬이 상대적으로 강하다.

하지만 ERP의 각종 개발 이슈나 HW적인 이슈 등에는 두 번째 케이스의 인력보다 약하다.

위 세 가지 출신의 케이스 유형이 꼭 스테레오타입으로 정형화된 것은 절대 아니다.

컨설턴트의 지적 호기심과 성실성이 그 컨설턴트 실력 증가에 크게 영향을 미치게 되고, 또한 경험이 점점 많아질수록 각 케이스별 차이도 줄어들게 된다.

필자가 아는 어떤 사람은 통역사 출신으로 외국계 회사의 ERP 프로젝트에서 통역사로 활동하다가, 옆에서 통역하면서 습득한 지식을 본인의 것으로 소화한 후 이 제반 지식을 바탕으로 ERP 컨설턴트가 된 사람도 봤다.

참고로 영어 실력이라는 추가적 능력만으로도 ERP 컨설턴트로서 폭넓게 성장하는 데 매우 큰 도움이 된다. 해외 Roll-Out 프로젝트나 국내에 진출한 외국계 회사의 ERP 프로젝트, 혹은 외국 컨설턴트와 함께하는 ERP 프로젝트에서는 ERP 지식이 많은 사람보다 도리어 영어 실력이 되는 사람을 선호하는 경향이 매우 크다.

그리고 대학 졸업자 중에서 ERP 분야의 취직을 희망하는 사람은 지속적인 ERP 분야 지식 습득도 중요하지만 국내외 여러 곳을 항상 돌아다녀야 하는 출장자 생활을 극복할 각오가 있어야 한다.

또한 타 업종보다 야근과 이직률이 높다는 것을 감내할 수 있어야 하고, 각종 특이한 성격의 고객사 현업 파트너를 이해하고 함께 일할 수 있는 대인관계능력 등이 본인의 적성에 맞아야 한다.

하지만 솔직히 말해 비단 ERP가 아니더라도 일반적인 회사생활은 모두 마찬가지일 것이다.

개인적으로 볼 때 프로젝트는 사람과 사람이 함께 장기간 일하게 되므로 컨설턴트에게 요구되는 것은 실력보다는 인성이 가장 중요할 듯싶다.

실력은 노력하면 발전한다.

그리고 요즘엔 본인이 직접 돈을 투자하여 ERP 자격증을 취득한 사람도 인터뷰 시 이력서를 통해 많이 볼 수 있었다.

물론 ERP 자격증도 취업 시에 도움이 된다. 필자는 신입사원 서류전형 시 이력서를 살펴볼 때 ERP 자격증이 있는 사람들은 거의 대부분 서류전형을 통과시킨다.

면접 단계까지 반드시 보는 편이다. 하지만 ERP 자격증이 해당 인력의 ERP 실력을 증명하지는 못한다. 그래도 자격증 공부를 통해서 ERP

개념을 이미 이해하고 있는 신입사원이 채용될 가능성은 그렇지 못한 사람보다 높다.

그래도 더 멀리 본다면 경험이 더 중요하다.

당신이 만약 프로젝트를 진행하고자 하는 특정 기업의 ERP 추진 담당자라고 가정하자.

당신이 선택하고자 하는 한 명의 컨설턴트는 10년 경력에 자격증이 없다.

또 다른 한 명의 컨설턴트는 경력 3년에 ERP 자격증만 모듈별로 2~3개가 있다.

당신은 어떤 사람을 선택하겠는가?

두 사람 모두 인성의 부족함은 없다고 가정했을 때, 필자의 경우는 10년 경력자를 선택할 것이다. 실제로 실무를 진행할 수 있는 컨설턴트 경력이 어느 정도 쌓이면 이력서상의 다양한 경력을 주로 보지, 자격증 유무를 주로 보지는 않는다.

참고로 고객사에서 컨설팅사에게 ERP 자격증 필수 취득 컨설턴트만 투입해 달라고 요구하는 경우가 가끔 있기도 하다.

ERP 자격증은 이렇게 드문 경우 정도에 대응할 수는 있으나, 본인의 금전적 부담을 고려하면 회사에 취업한 후 회사의 지원을 받아서 자격증을 취득하는 것도 좋을 듯하다.

취업 준비생 시절 경쟁력 강화 차원에서 취득하고자 한다면 국가에서 보조해주는 지원제도를 살펴보고 준비하는 것도 좋다.

16 ERP를 전산실 주도로 할 것인가, 현업 주도로 할 것인가

일반적으로 기업이 ERP를 도입하고자 할 때는 전산실(정보시스템실)에서 주관을 하여 구축하는 방법을 많이 사용한다.

이 접근 방식으로 구축을 할 때는 '현업 인력보다 전산실 인력이 현업 업무를 많이 알고 있고, 이미 전산실 인력이 기존 시스템을 운영하고 있으며, 현업의 추가 요구사항에 대한 개발을 지속해 왔으므로, 현재의 상황을 가장 잘 인지하고 있다'는 것을 근간으로 하여 전산실 주도로 ERP를 도입하게 된다.

대부분의 전산실 인력은 해당 기업의 전산 환경과 현업 업무를 동시에 모두 깊숙하게 알고 있기 때문이다.

물론 이때에도 업체 선정 프로세스를 거쳐서 개발을 진행할 외주업체를 공정하게 선정하여 진행하고, ERP 개발 방법론에 의거하여 진행하며, 프로세스 개선사항의 도출 작업도 시도하면서 일종의 PI 작업을 함께 진행한다.

하지만 이 방법으로 진행하다 보면 ERP를 도입하는 해당 기업의 거시적인 연관 업무 프로세스 효율화, 즉 Process Innovation 측면의 개선을 간과하게 된다.

기존 전산실 인력에게 현업 부서가 요청했던 '사용자 입장에서 시스템 사용의 불편함에 대한 개선 작업' 위주로 구축 프로젝트가 진행되는 경우가 많다는 것이다.

실제적 PI, 즉 Top Down Requirement(경영진이 요구하는 회사의 미래 성장 비전을 고려한 시스템상의 필수 KPI 관리 지표) 도출과 사용자 측면에서 불편하더라도 반드시 한 번 더 입력을 수행해야 하는 프로세스 정합성 측면의 개선 활용(현업 사용자 입장에서는 되려 불편해질 수도 있으므로 ERP 사용에 대한 불만이 야기될 수 있으나 모든 업무의 정합성 측면에서 감수해야 하는 전사 측면의 변경) 등이 간과될 수 있는 것이다.

큰 그림을 그리는 것을 놓치고, 숲을 봐야 하나 나무만 보게 되는 약점이 나올 수 있다.

따라서 ERP 프로젝트 진행 시에는 전산실이 주도하기보다 별도 ERP 추진 조직을 만들고, 해당 조직에 현업 인력과 전산실 인력을 함께 구성하는 것이 더 효율적이다.

개선 프로세스를 설계할 때 현업 PI 인력은 본인이 담당하는 업무에 대해 현업 주도로 PI 과제를 도출하고, 이 과제에 대한 오너도 담당 현업부서의 임원이 되도록 하여 진행하는 것이 바람직하다.

물론 전산실 인력도 반드시 프로젝트에 함께 투입되어 진행해야 한다.

전산실 인력은 오픈 후 ERP 시스템을 운영할 수 있는 준비를 해야 한다. 프로젝트 진행 시 전산 인력은 현업 PI 인력과 함께 프로세스 설계, ERP 사용법 습득, 개발 프로그래밍 지식 습득, IMG 설정 방법 습득, Data 정비 및 Data Migration 시 기존 Legacy 시스템에서 필요 데이터 추출 등의 작업을 함께 해주어야 한다.

즉, 전산실 인력을 프로젝트의 핵심 인력으로 하되, 프로세스 설계는 현업 PI가 주도적으로 진행할 수 있는 조직으로 ERP를 추진하는 것이 더 효율적이다.

프로젝트 추진 인력 선발 시 고려해야 하는 필수항목을 정리하면 다음과 같다.

- 해당 업무 분야에서 가장 우수하고 개혁 성향이 강할 것
- 추진 요원 선정은 인사부서가 아닌 PI 추진 조직에서 선정
- 발언권과 발표력을 겸비한 자
- PI 프로젝트 추진 요원은 평가 시 상향 조정된 평가기준 적용

현업과 전산실이 공조를 이룰 수 있는 일반적인 프로젝트 추진 조직도를 구상하고자 한다면 다음의 조직도가 일종의 사례가 될 수 있다.

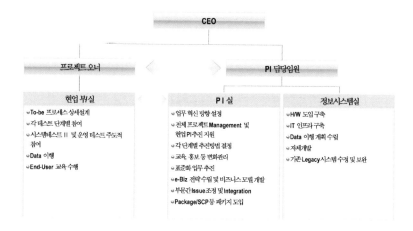

위의 프로젝트 추진 조직도를 보면 현업 부서 인력이 각각의 현업 업무영역별로 혁신방향, To-Be, 표준화 등을 진행하도록 조직이 구성되어 있다. 또한 제반 IT 인프라에 대해 가장 잘 알고 있는 전산실 인력들이 시스템적인 사항을 담당하도록 하면서, PI 담당 임원이 각 개선항목에 대한 프로젝트 오너(현업 임원진)와 이슈 등에 대한 교류를 진행하면서 프로젝트가 진행되도록 구성한 것을 볼 수 있다.

위의 샘플 조직도상에는 PI실과 정보시스템실이 수평조직으로 구성되어 있는데, PI실 혹은 ERP 추진 TFT 조직 밑으로 정보시스템실의 ERP 추진 IT 인력을 배치하는 방법을 고려할 수도 있다.

위와 같은 ERP 구축 조직을 구성한다고 해도 사람과 사람이 서로 끊임없이 협업해야 하는 구조상 프로젝트 진행 시 현업 PI 인력, 전산 인력의 R&R 관련한 이슈가 발생한다. 어떤 이슈가 발생할까? 이를 프로젝트 전반적인 흐름을 통해서 예상해 보고, 어떻게 해야 이러한 이슈를 방지하고 해결할 수 있는지 살펴본다.

이처럼 ERP 추진 조직을 만들고 프로젝트가 시작되었다고 가정한다.

프로젝트에 참여하는 조직별 혹은 회사별 인원 구성은 3개의 조직으로 구분할 수 있을 것이다.

- 컨설팅 펌의 컨설턴트
- 현업의 각 조직에서 파견된 PI 인력
- 전산실 인력

일단 현업 PI 인력과 전산실 인력은 ERP에 대한 기능적인 지식이 거의 없을 것이다. 비록 프로젝트 시작 전 ERP 교육을 수료하였다고 해도 ERP 지식은 컨설턴트보다 현저하게 낮다.

컨설턴트 주도하에 업무 조사가 시작되고, 해당 업무별 AS-IS 프로세스에 대해서 대부분 현업 PI들이 컨설턴트와 함께 조사를 진행하게될 확률이 매우 크다. 이때 전산실 인력은 참여는 하되 중추적인 역할을 담당하기는 어려울 것이다.

AS-IS 조사가 끝나고 To-Be 프로세스 설계와 GAP 분석 작업의 단계로 접어든다.

To-Be 프로세스는 ERP 지식 기반하에 고려하게 되므로 컨설턴트에 대한 의존이 더욱 커진다.

계속해서 현업 PI 인력과 컨설턴트 간에 업무협의가 깊숙하게 진행된다. 이때도 전산실 인력은 중추적인 역할로 참여하기 어렵게 된다. 전산실 인력은 스스로 해당 프로젝트에서 소외당하고 있다고 느끼기 시작한다.

To-Be 프로세스가 설계되면 ERP 시스템상에 해당 To-Be 프로세스를 적용해 보게 된다. 이를 통해 ERP 기본 기능으로 구현이 불가능한 프로세스에 대해 별도 개발 항목이 도출된다. 도출된 개발항목에 대해서 컨설턴트는 어떻게 사용자 측면에서 사용하게 할지를 현업 PI와 기능적 측면으로 협의를 한다. 이때에도 전산실 인력이 주도적으로 나서기 어렵다.

드디어 개발이 시작되었다. 이제 컨설팅사의 개발 컨설턴트가 투입되기 시작했다. 컨설턴트는 현업 PI와 계속 회의하기 바쁘고, 개발 로직 정의서(소위 개발 스펙) 쓰기에도 바쁘다. 더군다나 이제 컨설턴트는 투입된 개발 컨설턴트와도 협의를 해야 한다.

개발의 거의 완료되고, 동시에 통합 테스트가 수행된다. 초반엔 컨설턴트가 통합 테스트를 주관하다가 점점 현업 PI 인력이 주도하면서 통합테스트가 진행된다. 현업 PI의 ERP 시스템에 대한 적응은 이제 매우 높은 수준까지 올라와 있다.

통합테스트 막바지를 거치면서 오픈 준비가 시작되었다. Cut-Over Plan에 의거해서 Data Migration 작업 준비가 시작되었다. 드디어 전산실 인력이 기존 Legacy 시스템상에서 필요로 하는 데이터를 추출하는 작업을 담당한다. 하지만 기존 Legacy에서 추출된 Migration 데이터는 ERP Format과 완전히 상이하다. 컨설턴트는 전산실 인력에게

ERP Format으로 변경을 요청하지만 전산실 인력의 ERP 이해 수준은 아직 부족하여 결국 현업 PI와 컨설턴트가 작업을 하게 된다.

오픈 전 사용자 교육이 시작되었다.

현업 PI 인력과 컨설턴트는 사용자 교육에 참가하느라 정신이 없다. 지방의 지점도 방문해서 교육해야 한다. 프로젝트 룸에는 전산실 인력만 덩그러니 남아있게 된다.

드디어 ERP 시스템이 오픈되었다. 오픈 초반 아직 적응력이 떨어지는 해당 회사의 사용자들은 줄기차게 ERP 추진 TFT로 전화와 메일, 메신저를 통해 줄기차게 도움 요청을 한다.

현업 PI와 컨설턴트는 정신이 없다. 만약 전산실 인력이 사용자의 도움 요청을 받더라도 해결책을 잘 모른다.

오픈 후 정신 없는 한 달이 지나고 드디어 첫 결산작업이 시작되었다.

현업 PI는 첫 결산을 하느라 정신이 없고, 어느덧 어려웠던 첫 결산이 완료되었다.

프로젝트는 이제 완료보고를 향해 마지막 마무리를 준비 중이고, 컨설턴트는 철수를 준비한다.

남아있는 전산실 인력은 이제부터 직접 ERP 시스템을 운영하고 유지보수를 해야 한다.

컨설턴트가 철수한 후 전산실 인력은 엄청난 시행착오를 거치면서 직접 ERP 시스템을 운영하게 된다.

발등에 불이 떨어진 상태이다 보니 철수한 컨설턴트에게 문의를 하면서 그럭저럭 운영을 해 나간다. 이러한 상태로 다시 몇 개월이 지나갔다.

전산실 인력은 ERP 오픈 후 혼자 남아서 유지보수를 하며 프로젝트 구축 기간보다 더 상처를 받아가면서 스스로 ERP 지식을 많이 쌓았다.

그 후 몇 개월이 더 지나갔다.

이제 전산실 인력이 어느 정도 스스로 ERP 시스템을 꾸려 나갈 정도의 실력이 되었다.

프로젝트 투입 초반부터 현재까지 경험한 전산실의 홍길동 과장이 곰곰이 생각해 보니 ERP 오픈 후 1년이 흘렀다.

홍길동 과장이 친구들을 통해 알아보니 다른 회사는 ERP 오픈 후 몇 개월 뒤 조직이 변경되어 ERP에 특정 사업군 프로세스에 대한 추가 구축을 전산실에서 자체적으로 완벽하게 수행하였다고 한다.

'왜 우리는 그렇게 되지 못할까?' 생각하며 야근 후 별을 보면서 힘없이 퇴근한다.

'ERP는 왜 도입해서 나를 이렇게 힘들게 하나.'

프로젝트는 나쁘지 않은 결과를 산출하면서 잘 끝났으나 위와 같은 인력의 R&R 측면에서 이슈가 발생되는 사례는 꽤 많다.

위 사례는 프로젝트는 성공적으로 잘 끝났으나 오픈 후 안정화 및 기술 이전 측면의 변화관리는 완전히 실패한 프로젝트이다.

만약 전산실 인력이 프로젝트 초반부터 강력히 함께 주도적으로 나설 수 있는 분위기와 변화관리만 잘되었다면, 오픈 후 안정화가 훨씬 빨랐을 것이고, 인적자원의 원활한 활용이라는 무형의 비용절감도 이룰 수가 있었을 것이다.

위의 가정에 인력 R&R의 이슈가 모두 나와 있다.

해결책도 모두 나와 있다.

즉, 컨설턴트는 SAP To-Be에 대한 시스템 테스트(Proto Type 진행) 시 전산실 인력을 반드시 포함시켜서 테스트 기회를 주어야 했다. 특히 커스터마이징 작업 시 속도가 느리더라도 반드시 전산실 인력을 교육시키면서 전산실 인력이 직접 해 볼 수 있게 해야 했다.

또한 개발 컨설턴트 투입 초반에 전산실 인력에 대한 개발언어 교육을 한 번 더 해야 했다. 일부 쉬운 프로그래밍을 전산실 인력이 할 수 있는 기회를 주어야 했다.

이러한 작업이 병행되었다면 전산실 인력은 Data Migration 시 상당한 Man Power를 발휘했을 것이고, Data Migration의 정합성이 꽤 올라갔을 것이다.

오픈 후 컨설턴트가 철수하기도 쉬웠을 것이다.

오픈 후 안정화 기간도 훨씬 줄일 수 있었을 것이다.

Project Manage는 이러한 현업 PI 인력과 전산실 인력의 R&R 관련한 모든 것을 간과해서는 안 된다.

17 SAP 프로젝트의 전반적인 수행 흐름

SAP 기반의 프로젝트는 SI 기반 프로젝트의 방법론과는 상당히 다르게 진행된다.

대부분의 SAP 구축 회사는 SAP사에서 가이드하는 방법론을 해당 구축 회사의 장점과 결부시켜 사용한다.

이번 장에서는 실제 필자가 구축을 진행했던 회사를 모델로 하여 하나의 SAP 구축 프로젝트가 처음부터 끝까지 어떻게 진행 되는지를 설명하겠다.

우선 SAP A1을 구축하는 것을 가정하고 설명한다. SAP B1의 구축 방법론도 당연히 SAP ERP 제품이므로 SAP A1 방법론과 유사하고, 단지 기간만 더 짧고 투입되는 컨설턴트 공수가 적을 뿐이다.

일단 ERP의 여러 종류와 구축 업체 중 하나의 ERP를 선정하는 단계, 즉 '구축 업체 선정' 프로세스부터, 업체 선정 후 구축 및 안정화, 운영 계약까지를 단계별로 설명한다.

ERP를 도입하고자 하는 회사가 있다고 가정한다.

이 회사의 업종은 화장품 및 의료, 제약 업종이다. 사람이 먹고, 바르는 산업이다. 즉, 인체에 반드시 무해하다는 것이 관리 되어야 하는 산업이다.

회사 이름은 '(가칭) ABC 헬스케어'라고 한다. 그리고 'ABC 헬스케어'의 구축 컨설팅을 담당하는 컨설팅 회사를 'X 컨설팅 펌'이라고 가정한다.

또한 이 업체가 도입하고자 하는 ERP는 'A ERP'와 'B ERP' 중 하나라고 가정한다.

만약 이 업체가 ERP를 도입한다고 할 때 어떻게 도입을 결정하고, 어떻게 프로젝트를 진행하고, 오픈 후 어떤 방식으로 운영을 하는지를 설명한다.

물론 이 사례가 모든 회사에 동일하게 적용되는 것은 아니다.

이 사례에서 언급되는 회사는 본인이 초기부터 완료까지 참여하여 실제로 구축을 한 회사이나, 실제 상호, 금액, 구체적인 솔루션 등의 언급은 하지 않겠다.

이 사례에서는 어떻게 프로젝트가 진행되는지를 이해하는 것으로 충분할 듯하다.

우선 'X 컨설팅'사에서 진행한 'ABC 헬스케어'의 ERP 도입에 대해서 다음의 단계로 설명을 하고자 한다.

- ABC 헬스케어의 ERP 솔루션 선정 배경
- ABC 헬스케어 ERP 구축 프로젝트
- ABC 헬스케어 ERP 오픈 후 운영 및 안정화 사례

위 3개의 단계로 각각 설명을 하겠다.

(1) ABC 헬스케어의 ERP 솔루션 선정 배경

① 프로젝트 시작 배경

ABC 헬스케어는 기업의 성장세가 계속되면서, 기존 시스템으로는 더 이상 업무편의성이나 시스템 퍼포먼스를 관리하기 어렵다는 자체 판단을 하게 되었다. 이에 따라 ABC 헬스케어의 기획팀장은 외부 컨설팅 업체를 물색하였고, 여러 컨설팅 업체와 초도 미팅을 진행하였다.

그 중에 X 컨설팅이 있었으며, X 컨설팅은 ABC 헬스케어가 속한 제약 산업의 트렌드, ERP 도입 사례, 구축 후의 정량적·정성적 자료를 보여주며 초기 영업을 시도하였다.

ABC 헬스케어의 기획팀장은 여러 컨설팅 업체의 영업담당 임원들과 미팅을 하면서 ERP 도입 사례 관련 자료를 축적하고, ERP의 개략적인 개념과 기능을 이해하였다.

이를 바탕으로 ABC 헬스케어의 기획팀장은 시장에서 A ERP와 B ERP가 동종업계에서 가장 많이 사용되고 있음을 파악하게 되었다.

② ABC 헬스케어의 프로젝트 추진 전 Package Evaluation 배경

(ㄱ) A ERP vs. B ERP 솔루션 선정의 고민 시작

ABC 헬스케어에서 ERP 신규 시스템을 도입하고자 하면서 ABC 헬스케어는 A ERP Solution과 B ERP Solution을 최종 검토 대상에 두고 고민하게 되었다.

시장의 평가나 점유율 등에서 A ERP Solution의 인지도가 일찌감치 앞서가는 상황이었다. 하지만 최종 선정 전까지 ABC 헬스케어는 A ERP Solution이 회사에 더 적합한 ERP가 될 것이라는 확신을 가지기 어려웠다.

그 주된 이유 중 하나는 B ERP Solution의 가격이었다. B ERP Solution은 A ERP Solution에 비해 매우 낮은 가격을 제시하고 있었는데 이는 B ERP Solution의 시장 확대 욕구가 더해진 가격으로서 상당한 고객 흡인력을 발휘하고 있었다.

참고로 X 컨설팅은 A ERP 와 B ERP 모두 구축 컨설팅 서비스 능력을 보유하고 있다.

(ㄴ) ABC 헬스케어의 ERP 도입을 위한 진행 단계

X 컨설팅사는 ABC 헬스케어의 초도 영업측면에서 타 경쟁 컨설팅사보다 더 많은 노력을 기울였다.

하지만 ABC 헬스케어는 특정 컨설팅 회사의 편향적 의견을 최대한 중립화시키는 것을 중요하게 여기면서 철저한 단계별 준비를 거쳤다.

즉, ERP 구축 파트너사의 정치적인 영향력에 의한 로비 등을 배제한 것이다.

그리고 구축 파트너사의 실제 Reference 및 이에 대한 업계의 평판을 수렴하고, 또한 ERP 가동 후 구축 파트너사의 시스템 운영 능력에 많은 가중치를 설정하였다.

왜냐하면 ERP 시스템은 프로젝트 진행 시의 품질도 중요하나 회사의 틀을 바꾸는 기간 시스템을 구축하는 프로젝트인 만큼 구축 후의 안정화 지원도 업체 선정에 있어서 매우 중요한 요건이기 때문이다.

해당 업체가 얼마나 성실한지가 프로젝트의 궁극적인 최종 성공으로 보았기 때문이다.

이러한 도입 단계를 거치면서 ABC 헬스케어 내부의 의견을 수렴하고 전사적인 ERP 구축 필요성에 대한 공감대를 만들었다. 이를 통해 공정한 선정 작업을 거쳐 ERP 프로젝트를 진행하였다.

ERP 선정 작업이 중요한 이유는, 만약 ERP 선정 과정이 공정한 룰에 의해 진행되지 않고 일부 임직원들에 의해 선정되어 프로젝트를 진행하게 되는 경우 'Why ERP in ABC 헬스케어?'라는 내부 공감대가 없이 진행된다.

이는 프로젝트의 Risk Point가 되며 결국 '돈만 쏟아부은 계륵' 같은 시스템이 탄생되기 때문이다.

이는 향후 ERP를 도입하고자 하는 다른 고객사에게도 시사하는 의미가 크다.

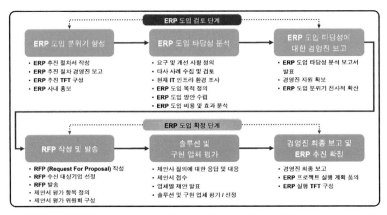

ABC 헬스케어에서 진행한 단계별 ERP 선정 작업

③ ABC 헬스케어의 ERP 도입 시 업무 영역별 거시적 Scope

ABC 헬스케어는 프로젝트 수행 업체 선정 시 RFP(Request for Proposal)상에서 '솔루션 기능, 프로젝트 관리, 기술적 요소' 측면의 3가지 항목에 대하여 제시하도록 하였다.

- 솔루션 기능 측면: 제안하는 시스템을 통한 화장품, 제약 산업의 Compliance (예 : GMP) 기준 부합 정도를 반드시 포함해야 함
- 프로젝트 관리 측면: Software Validation의 수행 방안 제시가 포함되어야 함
- 기술적 요소 측면: 타 시스템(ERP, Groupware, Web, 기타 시스템) 간 Interface 수행 방안이 포함되어야 함

㈀ 솔루션 기능 측면

ABC 헬스케어는 발송되는 RFP상에서 주요 업무 프로세스별 요구사항을 다음과 같이 명시하였다.

- Application의 요구사항

구분	주요 기능
영업관리	거래처 관리 주문 / 수출 관리 제품 관리 채권 / 담보 / 여신 관리 수금 / 어음 관리 반품 관리 판매 계획 출하 / 완제품 재고 관리
구매 / 자재관리	구매 계획 / 계약 / 발주 관리 수출입 관리 입고 / 검수 관리 자재재고 및 수불관리 소모품, 비품 관리 외상 매입관리 세금계산서 관리 전자서명 / 문서관리
생산관리	수요 예측 자재소요량 계획 작업지시 관리 공정 관리 생산실적 관리 외주 관리 전자서명 / 문서관리
품질관리	입고 / 공정 / 모니터링 검사 안정성 연구 및 특별시험 관리 시험자재 및 보관검체 관리 불일치 관리 변경 관리 품질실사 및 통계적 품질관리 전자서명 / 문서관리

구분	주요 기능
재무회계 (FI)	계정마스터 관리 전표 / 분개장 / 총계정원장 관리 월마감 관리 / 결산관리 자금 관리 채권 / 채무 관리 고정자산 관리
관리회계 (CO)	임상 프로토콜별 프로젝트 관리 성과평가 단위별 손익 관리 예산 편성 및 통제 표준원가 및 실제원가 계산 투자관리 Project 진척도 및 비용관리 경영지표 관리

- ABC 헬스케어의 업무 프로세스 대비 제안하는 ERP의 기능 적합도의 분석

ABC 헬스케어는 위의 각 업무 영역별 프로세스를 다시 상세 요구사항별로 정리하였다.

이를 통해 구축 제안사가 제안하는 ERP 시스템에서 ABC 헬스케어의 필요 프로세스 대비 어느 정도까지 구현 가능한지에 대해 명시를 하도록 하였다.

이를 통해 상세 기능적인 지원 사항을 면밀히 분석하여 ERP Package를 선정하였다.

아래의 예는 '세부 기능 요구사항'에 대하여 '완전 충족, 소규모 개발, 중대규모 개발, 지원 안 됨' 등의 명시를 바탕으로 ERP 적합도를 파악한 문서이다(여기까지만 읽어 보아도 ERP를 도입하고자 하는 업체에서도 미리 준비해야 하는 일이 매우 많다는 것을 알 수 있다).

그냥 구축 업체에게 제안하도록 해서는 정확한 제안을 받을 수 없다. 즉, '알아서 해수세요'는 ERP 구축 업체 입장에서도 제안하기가 매우 난감하다.

프로세스 체인	프로세스	기능 요구사항	요구사항 설명	기능 적합도				근거
				완전 충족	소규모 개발	중대규모 개발	지원 안됨	
계획	판매계획	사업 계획 (연간 매출 계획)	연간 판매계획를 영업에서 영업현황 및 회사비젼을 기초로 사업부별 생성					
		월간 판매 계획 (3개월간)	3개월간의 판매 계획을 생성, 생산 계획 수립의 기본 자료로 사업부별 생성					
	고객정보	Customer Master	CUSTOMER MASTER의 생성, 변경 및 삭제의 절차와 권한부					
	제/상품정보	Material Master	제품 및 상품 등에 대한 정보 관리 / 제품계출구조 정의					

(ㄴ) 프로젝트 관리 측면

ABC 헬스케어는 ERP 선정 시 시스템 구축과 구축 후 시스템 운영 문제를 두 가지의 Phase별 프로젝트로 접근하였다.

이는 일반적인 고객사의 경우와 비교하여 조금 차이가 있는 접근 방법이었다.

보통의 경우는 ERP 선정 시 고객사의 중요 고려 항목은 ERP 구축 프로젝트에 초점이 맞추어져 선정 작업이 진행되는 경우가 많다.

하지만 ABC 헬스케어는 구축 후 운영 방안에 대해서도 이미 ERP 선정 시점부터 확정하고자 하였다. 이는 매우 효과적인 접근 방법으로 ABC 헬스케어 측면에서는 IT Road Map의 원활한 단계별 이관을 미리 대비할 수 있다. 또한 프로젝트를 진행하게 된 구축사 측면에서는 구축 후 운영 이관 여부가 확정되어 있으므로 투입되는 컨설턴트나 Project Manager가 안정화 지원을 미리 고려하며 방법론을 구성하도록 채찍질하는 도구가 된다.

(ㄷ) 기술적 요소 측면

ABC 헬스케어는 ERP 선정 시 제약사에게 필요한 타 시스템도 함께 도입을 고려하였다.

즉, 제약사에 특화된 MES, LIMS, EIS(경영자정보시스템) 등의 동시 도입에 대해서도 고려를 하였다.

하지만 Big-Bang 방식의 프로젝트 시 프로젝트 Management와 구축 후 안정화 측면에서 상낭한 Risk를 수빈 할 수 있다고 판단하였다.

이러한 판단 하에 1차 구축은 ERP와 EIS만을 우선 구축하기로 하었다.

그리고 ERP & EIS 오픈 및 안정화 이후 2차 프로젝트로 MES, LIMS를 고려하는 방안을 선택하였다.

(2) ABC 헬스케어 ERP 구축 프로젝트

① ERP 구축 프로젝트 진행 개요

(ㄱ) 프로젝트 전체 진행 일정

ABC 헬스케어는 A ERP Solution을 구축 대상 Package로 최종 확정하였다.

A ERP Solution 구축 프로젝트는 '7개월간의 구축 + 2개월 안정화 및 운영 이관'을 목표로 진행되었다.

구축 대상 업무 영역은 다음과 같다.

A ERP Solution 도입 대상 모듈		Non-A ERP Solu-tion 대상
FCM Module	FI(Finance : 재무 회계) CO(Controlling : 관리 회계)	EIS (Executive Infor-mation System : 경영자 정보 시스템)
SCM Module	SD(Sales & Distribution : 영업 관리) MM(Material Management : 구매 자재) PP(Production Planning : 생산 계획) QM(Quality Management : 품질 관리)	

② ABC 헬스케어 프로젝트에 대한 X 컨설팅의 접근 방식, 일반 프로젝트와의 차이

ABC 헬스케어 프로젝트는 이미 언급한 것과 같이 ERP Package 선정 작업을 통해 A ERP Solution을 구축 시스템으로 선정하였다. 또한 구축 주관사로 X 컨설팅, 구축 후 시스템 운영 서비스 업체로 X 컨설팅을 확정하고 프로젝트를 시작하였다.

이에 따라 ABC 헬스케어 프로젝트에 적용된 방법론은 운영 이관 시의 구체적 Activities까지 포함된 X 컨설팅의 구축 방법론을 사용하였다.

이를 통하여 구축 기간을 줄임으로써 기간 대비 비용을 최소화할 수 있었다.

ABC 헬스케어에서 구축 업체에 운영까지 맡기게 된 이유는 기존 자체 전산실 조직이 매우 미약했기 때문이다. 따라서 ERP 구축 및 운영 시 자사 전산 인력을 투입할 여력이나, 추가 채용으로 인한 인건비 지출에 대한 이슈가 있었다.

가장 중요한 것은 비록 전산 인력을 추가 채용한다고 하더라도 ERP 제반 지식이 충분한 인력을 시장에서 구하기가 어려운 이슈도 있었다.

이러한 이슈는 SAP A1을 도입하는 회사보다는 SAP B1을 도입하는 회사에 많다. 왜냐하면 SAP B1을 도입하는 회사 대부분이 중견·중소기업군에 속하기 때문이다.

따라서 자체 전산 인력을 풍부하게 보유하지 못하는 업체가 대부분이다. 따라서 ERP를 도입하는 중견·중소기업 입장에서는 ERP 선정 작업 시부터 구축 후 운영방안을 반드시 함께 고려하는 것이 좋다.

그리고 현재 IT 관련 운영 및 유지보수에 있어서는 클라우드 시대 도래와 코로나 팬데믹으로 인해 비대면 IT 프로젝트 및 운영이 활발해졌다.

즉, 자체 전산 인력 운용을 위한 비용 대비 전문 IT Outsourcing 회사를 통한 운영 방법론이 과거보다 더 잘되어 있는 것이다.

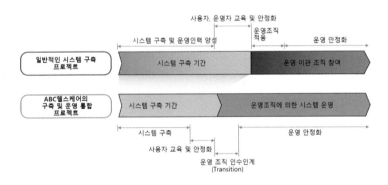

일반적인 프로젝트와 ABC 헬스케어 프로젝트의 차이

위 접근 방식이 시사하는 특징을 정리하면 다음과 같다.

- 코로나 팬데믹 이후 비대면 업무가 보편화되고 있음

- 최근 정보시스템 구축 이후 운영에 대한 Outsourcing을 고려하여 제안을 요청하는 사례가 보편화되고 있음

- 더 나아가 현재는 IT Cloud 개념으로 진화하고 있음

- 고객사 내부 운영인력 자체 보유 관련 비용 절감 이슈가 지속됨

- 시스템 오픈 이후 운영 시행착오 최소화, 운영체계의 빠른 안정화 관련 ERP 업계 품질 수준이 더욱 발전됨

- 구축 이후 '우리가 운영할 우리의 시스템'이라는 컨설턴트들의 마음자세로 전체 시스템의 완성도에 긍정적인 영향

③ ERP 구축을 통한 주요 프로세스 변경사항

ABC 헬스케어의 ERP 구축 시 반영된 주요 프로세스는 다음과 같다.

모듈	주요 변화 요구 항목	A ERP Solution을 통한 구현 사항
재무 회계	법인카드	카드사와 연계하여 임직원들이 사용한 카드사용 내역을 시스템상에서 공유
	프로젝트성 비용	프로젝트별 투입 비용을 예산/실적으로 분석(임상품 테스트 관련 비용 분석)
	고정자산의 취득	구매 프로세스와 통합된 고정자산 취득관리
	재무제표 및 결산 리포트	재무/물류 정보의 통합을 통한 결산 작업의 효율화로 재무제표 작성시간 단축

모듈	주요 변화 요구 항목	A ERP Solution을 통한 구현 사항
관리 회계	Project 진척도 및 비용 분석	프로젝트 관리를 통한 예산/실적 등을 분석
	제품별 실제원가 계산	자재원장 관리를 통한 월별 제품별/포장재별 실제원 가관리 제공
	수익성분석	다차원 채널(제품별/고객별/영업조직별 등) 수익성 분석 및 보고
영업 관리	할인	판매가에 할인이 적용될 경우 금액 또는 비율(%)을 적 용하여 관리
	Credit Manage- ment	고객별로 여신금액을 관리하여, 수주금액, 납품금액, 미수금, 담보금액 등의 정보를 관리. 여신초과에 대한 Process를 적용하여 주문의 Block기능 및 승인항목에 대해서는 관리자의 확인 후 진행
	직간납구분	직납처와 간납처에 대한 출하 시 각각의 운송경로를 지정하여 적시 배송이 가능하며, 직납처와 간납처의 출하현황 및 일정관리를 Monitoring
	일반 세금계산서 발행	고객별/지점별로 일일 발생되는 세금계산서를 시스템 에서 관리/출력. 재발행등을 통해 고객에게 발행된 계 산서의 이력을 관리
	주요 기능 요구사항	시스템 기능 지원 사항
	AR차감 - 판매장려 금(매출할인)	고객별/간납처별 수금실적과 회전일을 기준으로 매출 차감항목을 산정하여 이를 대량 또는 수동으로 회계 전표를 발생시켜 매출채권에 반영
	매출채권관리	고객별/사업자별/지점별/간납처별/영업담당자별/여 신영역별 Aging chart를 산출. Aging 기간 내의 매출 정보 및 미수금, 미결어음 등의 정보를 활용

모듈	주요 변화 요구 항목	A ERP Solution을 통한 구현 사항
구매/ 재고 관리	구매진행현황 조회	구매요청, 구매오더, 입고, 송장처리현황에 대한 진행 상태별 일괄 조회
	품질검사 자동의뢰	입고처리와 동시에 자재마스터에 설정된 품질검사항목에 의거 품질검사로트 자동생성
	입출고관리	재고자산의 입출고시는 미리 설정된 회계계정으로 실시간 반영을 통한 物과 財의 흐름 상시 일치
	세금계산서 마감	업체별 입고기준/발주기준으로 미결항목 전체선택/부분선택을 통한 세금계산서 처리. 발주가와 세금계산서 금액 차이 발생 시 가격차 계정을 통한 재고자산 반영
생산 관리	생산계획 수립	판매계획과 연동한 생산계획의 수립을 통해 자재 수급의 적시성을 높임
	접근 제한 및 권한 설정	User별 권한관리를 동해 시스템의 접근을 제한할 수 있음
	원자재 출고 전표	GMP 관련 원자재 수불 데이터에 대한 승인 및 전자서명
	문서보관	GMP 관련 제조문서는 Hard copy로 출력하거나 파일로 저장
	월간 생산 실적 분석	GMP 기준에 의거한 공정진행관리를 통해 기간별 생산 현황 분석

모듈	주요 변화 요구 항목	A ERP Solution을 통한 구현 사항
품질 관리	전자서명/기록관리	User별 권한여부에 따라 검사결과 등록시 전사서명을 등록해야만 다음 단계로 진행이 가능함
	접근 제한 및 권한 설정	User별 권한관리를 통해 시스템의 접근을 제한할 수 있음
	문서보관	GMP 관련 문서(시험요청서, 시험기록서, 성적서)는 Hard copy 로 출력하거나 PDF 파일로 저장
	원지제/반제품/안제품/공정 검사	GMP 기준에 적합한 검체승인, 검사결과 등록, 사용결정 등의 프로세스를 지원
	모니터링검사	제조용수 및 가스 등에 대한 검체채취 및 시험항목을 검사계획으로 생성하고 일정주기별로 검사로트를 생성하여 검사결과를 입력하고 검사성적서를 출력
	안정성 시험	안정성 연구의 계획, 실행, 평가에 이르는 전단계 및 상이한 조건하에서의 수명주기 테스트 혹은 신뢰성 테스트 실행. GMP 요구사항을 지원
	보관검체 관리	보관검체에 대하여 검체번호를 관리하고, 검체별로 설정된 모니터링 일자별로 생성/검사/결과입력을 수행
	품질문서 관리	품질관리와 관련된 문서들에 대하여 문서의 생성 및 변경된 내역과 폐기 정보를 확인할 수 있으며, 전자서명(Digital Signature)을 이용하여 작성자, 검토자, 승인자에 대한 승인 내용을 관리

④ ERP 구축 후 기대 효과

보통의 경우 해당 프로젝트를 통해 ERP 시스템을 오픈한 후 가시적인 효과를 바로 획득하기는 어렵다. 일반적으로 오픈 후 첫 결산은 상당한 어려움을 겪으면서 진행되는 경우가 많다.

구축한 컨설팅 회사의 오픈 후 안정화 지원이나 해당 고객사의 전산 인력 혹은 프로젝트 참여인력의 안정화 노력이 시스템 안정 기간에도 많은 영향을 끼친다.

ABC 헬스케어의 A ERP Solution 구축 프로젝트 후 기대 효과는 최소 6개월, 최대 1년 시스템 운용 후 현실적으로 측정할 수 있었다.

ABC 헬스케어도 ERP 오픈 후 첫 결산은 어려움 속에 진행이 되었다.

최소 분기결산이 지나면서 세무신고를 한번 거치고, 반기결산까지 진행하면서 시스템이 안정화되었다.

이때서야 비로소 프로젝트 시작 시 목표로 설정했던 KPI에 대한 구체적 수치, 즉 기대 효과를 측정할 수 있었다.

ABC 헬스케어 ERP 도입 후 6개월이 지난 시점에 파악해 본 KPI
(구축 후 운영을 담당하는 업체와 함께 파악함)

⑤ ABC 헬스케어의 A ERP Solution 구축 시사점

지금까지 살펴본 ABC 헬스케어 프로젝트의 A ERP Solution 시스템 구축 사례에서 본 프로젝트 접근 방법을 정리하면 다음과 같다.

- 현업 사용자의 요구사항까지 반영한 공정한 ERP Package 선정 작업
- Global Standard에 기준을 둔 Best Practice를 담고 있는 ERP Package 사용
- ERP는 전자적 자원 활용을 위한 시스템으로만 접근하고 경영자를 위한 자원은 EIS로 접근
- 프로젝트 시작 전 향후 운영 계획까지 포함되는 Master Plan의 설정

(3) ABC 헬스케어 ERP 오픈 후 운영 및 안정화 사례

① ABC 헬스케어의 ERP 시스템 운영 방식

ABC 헬스케어는 A ERP Solution 구축 초기에 이미 구축 업체와 구축 후에도 운영 Outsourcing을 하기로 결정하고 프로젝트를 진행하였다.

시스템 오픈 후 ABC 헬스케어의 ERP 시스템 안정화 및 운영을 위해 X 컨설팅에서는 ABC 헬스케어의 ERP를 전담 운영하기 위한 관리자를 지정하고 본격적인 외주 운영서비스를 수행하였다. 이때 X 컨설팅 회사에서는 ABC 헬스케어의 운영을 전담 총괄하는 Account Manager(구축 프로젝트 시 Project Manager와 같은 역할을 수행하는 운영총괄 담당 리더)를 통해 운영을 진행하였다.

X 컨설팅 회사의 Account Manager는 ABC 헬스케어 ERP 운영의 제1접점의 위치에 있으며, ABC 헬스케어의 프로세스 및 개발 이슈를 관리하는 최고 책임자 역할을 한다.

해당 Account Manager를 필두로 ABC 헬스케어의 요청사항을 해결해주는 담당 Module 담당자와 개발인력 등으로 팀이 구성되었다.

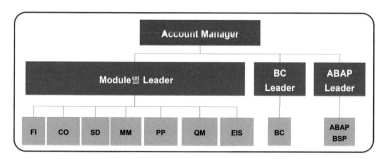

ABC 헬스케어를 위한 X 컨설팅의 전담 운영팀 조직도

② 항목별 제공 서비스 내용

ABC 헬스케어가 X 컨설팅을 통하여 서비스를 받는 항목 및 제공 자료 등은 아래와 같다.

(ㄱ) Help Desk Service(ABC 헬스케어가 X 컨설팅과 협의한 사례로 가정한다)

서비스 항목	제공 자료	Target	Evaluation
Help desk service	해결안 내역	4시간	N/A

(ㄴ) Problem Management Service

서비스 항목	제공 자료	Target	Evaluation
Application Problem	해결안 제시	Configuration 8시간 CBO 및 Application P/G 3일	N/A
Server Problem	장애처리보고서	고객과 협의 후 결정	N/A

(ㄷ) System Management Service

Modification	수정 사항 보고서	요청시	90%	N/A
Development	사용자 매뉴얼	요청 및 필요시	90%	N/A
System Monitoring	시스템 사용현황 월간 보고서	상시	99%	N/A
Support Package 관리	작업 내역서	요청 및 필요시	작업 완료 후 8시간	N/A
Kernel Patch 관리	작업 내역서	필요시	작업 완료 후 8시간	N/A
CTS 관리	에코라인 CTS 관리	요청시	작업 완료시	N/A

ABC 헬스케어의 운영 서비스를 수행하면서 보고되는 Service Document의 샘플은 다음과 같다. 다음의 샘플은 Monthly Report인데, Account Manager는 Monthly Report를 통해 해당월 동안 수행했던 운영 사항을 ABC 헬스케어에게 보고할 의무를 가진다.

Monthly Report의 포함 내역은 해당월 동안 X 컨설팅 운영조직에서 수행한 고객요청사항 대비 해당월에 진행된 서비스 현황을 모두 포함하고 있다.

해당 서비스에 대한 ABC 헬스케어 측 담당자의 요청 건별 만족도 조사 결과 및 시스템에 대한 과부하 및 Hardware에 대한 분석결과 등에 대한 사항도 포함한다.

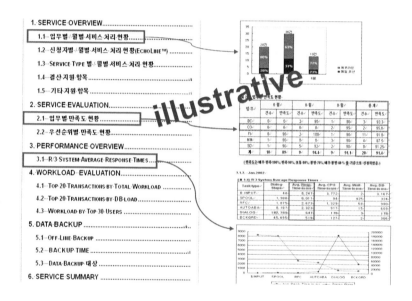

③ 문제 해결 시의 Flow Chart

ABC 헬스케어를 위한 운영 업무의 프로세스는 다음과 같다.

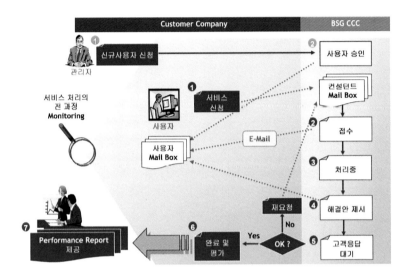

X 컨설팅 고객 운영팀은 ABC 헬스케어로부터 요청된 서비스를 접수 후 해결안을 제시한다.

이 모든 것은 고객이 자신의 서비스 처리 상태를 한눈에 파악할 수 있도록 헬프데스크용 전용 커뮤니케이션 툴을 통해 관리된다.

X 컨설팅의 고객 운영팀은 전용 커뮤니케이션 툴과 유선을 통해 위의 Flow와 같은 처리 절차에 의거하여 ABC 헬스케어의 ERP를 운영한다.

모든 운영 관련 서비스 사항은 업무적인 사항, 시스템 에러 사항, Performance 등을 포함하여 월별로 서비스 리포트를 작성하여 ABC 헬스케어에게 보고하게 된다.

④ ABC 헬스케어 운영 서비스 품질에 대한 대외 인증

현재까지 설명한 ABC 헬스케어의 A ERP Solution 구축 후 운영 서비스는 단순히 X 컨설팅 내부의 운영 프로세스에 의해 수행되는 것은 아니다.

X 컨설팅사는 SAP A1, B1의 구축 및 유지보수 서비스를 수행한다.

이를 위해서 X 컨설팅 회사는 SAP Global 본사로부터 SAP 솔루션의 구축 파트너 자격과 공식 운영 자격을 함께 취득해야 한다.

SAP사는 독일 본사에서 규정한 소정의 검증 절차에 따라 시스템 운영 전담 조직인 CCC(Customer Competence Center)의 서비스 체계 및 품질에 대한 감사(Audit)를 실시한다. X 컨설팅사가 SAP 글로벌 표준에 입각한 고품질의 서비스를 제공하고 있음을 인정받은 후 SAP사의 공식 인증을 득한 프로세스로 대외 고객의 운영서비스를 수행하게 된다.

혹시나 이 책을 읽는 독자가 위와 같이 ERP 업체의 선정 및 관리, 운영 담당자라면 위의 전반적인 단계별 프로세스를 먼저 이해하고 진행하기를 바란다.

실제 시행착오를 줄이는 데 꽤 도움이 될 것으로 예상한다.

Part Ⅱ.

SAP Business One ERP의
시작부터
현재까지의 이야기

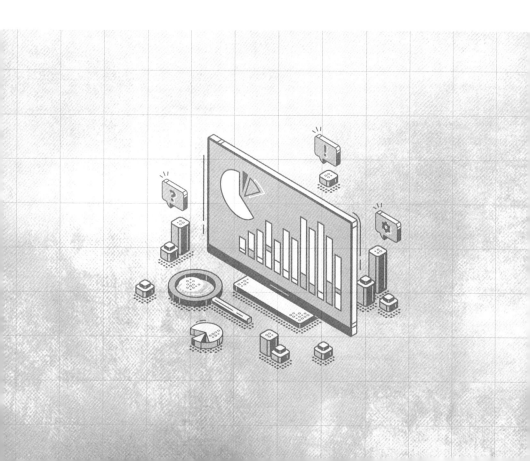

1

이스라엘에서 시작된 SAP Business One의 역사

작은 아이디어로 시작된 SAP Business One은 현재 20년이 넘었으며 160개 이상의 국가에서 거의 백만 명의 사용자를 보유하고 있는 글로벌 중소기업 시장의 주요 제품이다.

이 책을 집필하면서 인터넷상의 수많은 자료를 분석하고, 기존에 조직을 경영하면서 만들어 놓았던 자료도 다시 한 번 분석하면서 느꼈지만 전 세계 기업용 IT 솔루션이 시작된 이야기치고는 매우 드라마틱하다고 느꼈다.

즉, 비전, 결단력, 열정 및 자기 믿음의 조합으로 엄청난 도전을 극복할 수 있음을 보여주는 기업가적 성공 사례라고 볼 수 있다.

다음은 이스라엘에서 시작된 아이디어가 어떻게 SAP Business One이 되었는지에 대한 이야기를 요약한 내용이다.

현재 필자는 한국과 베트남에서 새롭게 SAP B1 및 기업용 IT 솔루션 원격지 아웃소싱 사업을 진행 중이다.

이러한 여정을 거치면서 시간이 날 때마다 쓰고 있는 이 책을 통해 스스로에게도 동기부여가 되는 측면이 있다.

또한 과거 SAP B1의 태생 관련 각 에피소드에서 흥미로운 여행에 참여한 사람들의 이야기와 일화가 현재의 나에게도 남다르게 다가오는 것을 느낀다.

SAP B1의 역사를 쓰기 위해서 한국 자료보다 해외 자료를 더 많이 참고했다.

그리고 SAP B1의 시작과 그 발전 과정의 내용은 미국 어바인에 있는 SAP B1 컨설팅 회사 MTC에서 5년 전에 블로그 형식으로 정리한 내용이 있어서 가장 많은 참고를 했다.

또한 SAP Global의 홈페이지, 전 세계 주요 SAP 파트너들의 인터넷상 자료, 해외 언론의 자료 등을 추가로 참고하였다.

SAP 및 IT 기업 경영을 하고 있는 현재의 나의 위치에서 이 책의 집필은 기존 집필과는 상당히 다른 공부가 되었다. 즉, 어떠한 IT Solution의 탄생과 성장을 현재 나의 성장과 비교하면서 스스로도 많이 배우게 된 측면이 있다.

2

아이디어에서 제품으로

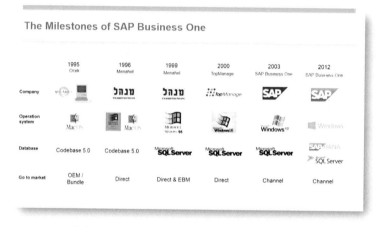

출처: SAP Partner Edge Program상의 채널 파트너 교육자료

1990년대 초 이스라엘의 어떤 아버지와 아들이 퀵소프트라는 회사를 만들면서 SAP B1의 세계적 역사가 시작되었다(한국어 발음 오류를 피하기 위해 실제 회사명이나 사람 이름은 가급적 실제의 영문 이름 위주로 적는다).

90년대 초 Shai Agassi와 그의 아버지 Reuven Agassi는 QuickSoft Company를 창업했다.

이 초기 회사가 개발한 기본 초석이 현재 SAP B1의 기본 초석이다.

그 당시에는 PC에서 어떠한 작업을 할 때 자판을 통해 입력하는 방식 위주였으나, 이들은 사용자 편의성 측면에서 드래그 앤 드롭 관련 기능을 함께 고려하였다.

이때는 드래그 앤 드롭 기능을 Awarded Object Oriented Navigation System이라고 불렀다.

QuickSoft의 설립 초기에는 당시 미국의 학교 관리 및 관리 응용 프로그램 개발과 글로벌 절삭 공구 회사의 카탈로그 관리 프로그램이 주된 사업 내용이었다.

당시에는 중소기업에서 사용 가능한 금융 소프트웨어가 DOS 운영 체제에 의해 지배되고 있었다.

하지만 지금 전 세계를 지배하는 IT 공룡 애플은 그 당시에도 건재했다.

당시 애플은 그래픽 작업에 매우 뛰어난 성능의 매킨토시 컴퓨터로 상당한 매출을 기록하고 있었다.

금융 시스템 혹은 재무 소프트웨어 시스템 개발 회사들은 그래픽이 유연한 애플의 매킨토시 OS를 바탕으로 한 시스템도 많이 개발하였다.

1994년 Agassi 가족과 QuickSoft는 이스라엘의 매킨토시 판매사와 협력하여 매킨토시 OS 기반의 기업용 소프트웨어 개발을 시도하였다.

그 당시 이스라엘 최대 규모의 금융 시스템 플레이어 및 Apple 컴퓨터 유통 업체는 Macintosh용 재무 소프트웨어 시스템을 개발하기 위해 힘을 합치는 일이 많았다(1998년 Macintosh는 'Mac'으로 브랜드 변경).

하지만 시장에서 좋은 반응을 얻는 데는 실패했다. 사용자 편의성을 고려한 그래픽 위주의 기능과 화면에 중점을 두었음에도 불구하고 그들은 실패한 것이다.

Reuven Agassi는 다음과 같이 말했다. "우리는 기존 시장에서 사용하고 있는 것보다 우수하고 안정적인 소프트웨어 솔루션을 만들기 위해 비즈니스 세계에서 혁신적인 기술을 구현하고 싶었습니다."

이것이 MS-DOS OS 대비 사용자 편의성 측면에서 우수한 기업용 소프트웨어 구현을 위해 애플의 매킨토시 OS 기반으로 제품을 구상하게 된 이유이다.

하지만 매킨토시 기반의 컴퓨터는 MS-DOS 기반 컴퓨터보다 시장에서 많이 사용되지 않는다. 이렇다 보니 좋은 의도에도 불구하고 고전을 면치 못하게 된 측면이 크다.

하지만 이때 컴퓨터 OS 시장에 일대 변혁이 일어나게 된다.

바로 MS-DOS 기반 OS에서 Windows 기반 OS로 변화하는, 거의 혁명과도 같은 일이 발생한다.

Text 기반에서 그래픽 기반의 대중적 컴퓨팅 환경으로 변화가 일어나자, Reuven은 결국 Mac에서 Windows OS 로 변환하는 시도를 하게 된다(알다시피 Windows OS가 나오면서부터 매킨토시는 일부 전문가용 PC로 자리매김하게 된다. 향후 아이폰으로 애플이 다시 전세계 시장의 IT 공룡이 되기 전까지 스티브 잡스는 고전의 역사에 들어가게 된다).

아무튼 QuickSoft사의 실무직원들은 수많은 야근을 하고, 테스트를 하면서 기존 Mac OS 기반의 시스템을 바꾸어 Windows OS 기반의 기업용 회계시스템을 만들어서 출시하게 된다. IT의 야근 문화가 우리나라에만 있었던 것은 아닌 듯하다.

Windows 기반의 QuickSoft사의 첫 번째 버전은 88MB 테이프로 백업되는 수준이었다
(지금의 SAP B1상의 응용 프로그램의 크기는 10GB 이상이다).
출처: MTC company Homepage

QuickSoft사의 도전 과제 중 하나는 Windows 3.1이 이스라엘의 히브리어를 지원하지 않았으며 개발자가 코드를 조작하여 오른쪽에서 왼쪽으로 작성해야 한다는 것이었다. 이것은 모든 형태의 메뉴에서 더 많은 개발 시간이 소요되게 했다.

즉, 현재 사용하고 있는 생산, 물류, 구매 프로세스와 회계, 원가가 함께 존재하는 진정한 ERP 솔루션을 개발하기에는 너무도 많은 난제가 있었던 것이다.

마치 우리나라의 세무사 사무실을 점령한 더존의 회계 패키지처럼 QuickSoft사의 첫 번째 Windows용 ERP는 회계 기능만으로 개발되었다.

1996년 Window 3.1 화면상의 SAP R/3 3.1h 버전의 GUI를 보면서 필자도 처음으로 SAP 프로젝트를 시작했었다. 그 당시에도 SAP를 매킨토시 컴퓨터에서 사용한다는 것은 상상도 못 했었다.

QuickSoft사가 Microsoft Windows 기반으로 시장 접근 방식에 베팅하는 것은 올바른 방향이었다.

또한 QuickSoft사의 초기 버전이 Mac 기반으로 개발된 것도 Windows 기반으로 변경 개발하는 것에 프로세스 설계 측면으로 많은 도움이 되었다.

특히 먼저 개발했던 Mac 기반의 화려한 그래픽, 회계 양식, 자료 등의 기능을 Windows 기반으로 개발하면서 사용자 입장의 그래픽 환경 기반 솔루션이 될 수 있게 많은 도움을 준 것이다.

제품의 기본 인프라는 Mac 학교 관리 소프트웨어를 기반으로 만들어졌다.

다음의 화면은 Windows 버전의 QuickSoft사 초기 ERP의 화면이다.

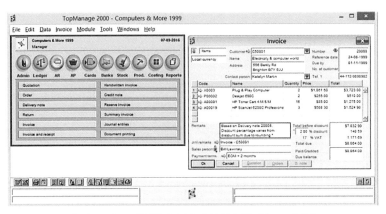

초기 Windows 버전의 QuickSoft사 ERP 'TopManage' GUI

(1996~2002의 일반적인 사용자 인터페이스)

출처: *SAP Global Homepage*

위 화면의 메뉴 스냅샷에서 볼 수 있듯이 많은 Mac GUI 요소가 있다. 아마도 이러한 GUI가 기타 초기 경쟁사 ERP보다 사용자 입장에서 더 많은 호응을 얻었을 가능성도 있다(하지만 필자 개인적으로는 SAP A1이나 SAP B1의 화면은 그리 유려하지 못하다. 고객들도 그러한 이야기를 많이 한다).

1995년 초기의 제품 이름은 TopManage가 아닌 히브리어였다.

제품의 새로운 이름은 발음도 어려운 'Menahel'이라고 불렸다('Menahel'이란 솔루션 이름은 향후 SAP 인수 전 TopManage 솔루션으로 변경이 되지만, 변경되기 전이라도 이 책에서는 TopManage라고 부르겠다).

이스라엘의 히브리어로는 '기업 정보 및 회계 관리'의 약어라고 한다. Menahel의 초기 릴리스는 Macintosh 및 Windows 운영체제 모두에서 사용할 수 있었다. 그리고 몇 년 동안 두 시스템에 병렬 개발이 있었다(즉, 모든 새로운 릴리스에는 두 가지 버전이 존재했다).

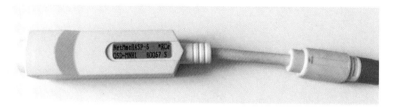

현재 라이센스 키 이전에는 보안 플러그를 사용하여 제품을 보호했었다.
출처: MTC company Homepage

위 사진을 보면 지금으로서는 매우 신기한 access key 사용 방법이 보인다.

현재의 SAP A1, B1은 SAP사로부터 access key를 받은 후 고객사에서 SAP를 사용할 수 있으나, 초기에는 위와 같은 HW device로 라이선스를 보호했었다.

OS의 세계적인 주도가 점점 더 Windows 기반으로 확장되면서, QuickSoft사도 결정을 내리게 된다. 즉 기존의 MS-DOS 기반도 아닌, Mac 기반도 아닌, Windows 기반으로만 기업용 ERP의 개발 방향성을 정하게 된다.

그리고 SAP사에 인수되기 전 마지막 최종 ERP의 이름은 TopManage로 부르게 된다.

3 QuickSoft에 합류 후 SAP사의 인수에 큰 영향을 준 Mr. Gadi의 이야기

Gadi는 QuickSoft에 초기 멤버로 합류한 후 영업, 마케팅 및 제품 관리 부사장으로 재직했다. Gadi는 미국에서 SMB 시장(Small & Medium Size Market)을 주 타겟으로 영업, 마케팅 작업을 시작한 핵심 인력이었다. 또한 그는 QuickSoft사의 TopManage ERP가 SAP사에게 인수될 때까지 가장 중요한 역할을 담당했다.

시장 초기에 TopManage는 에러가 많은 기업용 회계 패키지였으나, 그래도 이스라엘과 세계에서 가장 혁신적인 소규모 비즈니스 기업을 위한 제품이었다.

이미 이때부터 솔루션은 하이퍼링크 아키텍처를 고려하면서 설계되었다.

무슨 말이냐 하면, 어떠한 입력 트랜잭션을 더블클릭하면 해당 트랜잭션의 상세 데이터 화면으로 이동하여 사용자가 데이터의 흐름 연관관계를 쉽게 관리할 수 있도록 설계되었다는 의미이다.

현재 SAP를 사용할 때 데이터의 흐름을 쉽게 추적할 수 있도록 하는 가장 큰 특징이자 장점이다.

즉, 현재 SAP의 가장 큰 장점인 물류, 생산, 구매, 영업 정보와 회계 정보가 서로 연계되어 데이터를 관리하고 볼 수 있게 되어 있는 구조를 처음부터 설계한 것이다.

하이퍼링크 아키텍처를 갖춘 기본 제품이므로 모든 데이터 필드를 클릭하면 자세한 정보 화면으로 이동하는 아름다운 사용자 인터페이스가 장점이었지만 Gadi는 더 완벽한 제품을 출시하고 싶었다.

Gadi가 생각한 것은 더욱 편리한 사용자 측면의 고려사항이었는데, 음성 인식 기능을 통하여 데이터 입력까지 가능하도록 하는 설계였다.

4 혁신을 위한 도전: SIRI 등장 20년 전의 음성인식 기업용 ERP 개발

Gadi가 합류한 시점에 QuickSoft사는 음성명령으로 업무를 처리하는 기능까지 시스템에 내장시키려고 시도했다.

이를 위해서 그 당시에는 가장 최신의 Mac 컴퓨터를 구입했고, 이를 토대로 음성 명령으로 비즈니스 운영을 시연하는 것에 열중했다.

SIRI가 등장하기 20년 전인 1994년이었다.

이를 위해 브라질 출신의 이민자인 Luiz라는 프로그래머 개발자도 합류하게 되었다.

그는 음성에 반응하고 다양한 메뉴를 열도록 제품을 개발시켰다.

제품의 런칭 이벤트에서는 QuickSoft 창립자 중 한 명인 Shai Agassi가 음성 명령을 사용하여 새 제품을 시연했다.

"Menahel, Heshbonit!(직역이 아닌 의역으로 번역을 해 본다면 'TopManage, Invoice를 작성해줘' 정도로 해석할 수 있는 히브리어)."

비록 일부 기능이라고 해도 애플의 SIRI나 인공지능 음성인식 기술이 대중화되지 않았을 당시부터 기업용 IT 시스템에 이러한 시도를 했다는 것이 꽤 인상깊다.

1995년에는 수십 명의 Mac 고객이 있었지만 그 당시 시장 규모에 대비해서 Windows OS기반의 비즈니스 솔루션이 점점 더 부각되는 시점이었다.

초기에는 Windows와 Mac OS 두 가지 버전의 TopManage를 개발 및 판매하는 전략을 취했는데, 최초의 IT 전시회에 출시한 Windows 버전이 고객들에게 알려지기 시작했다.

이스라엘 텔아비브의 대형 컴퓨터 전시회에서 부스를 예약하고 큰 화면에서 화려한 제품을 선보이기 시작했다.

기업용 ERP라는 개념조차 희박했던 당시이지만 제품은 훨씬 앞서 있었고, 전시회 부스에서 TopManage가 몇 개 팔리기도 했다.

초기에는 30일 환불 보장 약속으로 패키지를 판매했다.

3일 만에 5만 달러의 매출을 올렸다.

QuickSoft사는 이러한 시장 반응에 매우 고무되었고 성공을 점점 확신하게 되었다.

머지않아 고객들이 본격적으로 TopManage 제품을 사용하기 시작할 것이라고 판단했다.

하지만 이 제품은 아직 초기 단계에 있었고 버그가 너무 많았다.

QuickSoft사는 약속한 30일의 환불 보증대로 여러 번 환불하게 되는 일이 실제로도 빈번하게 발생되면서 귀중한 교훈을 배웠다.

첫 번째 Windows 버전에는 Menahel 디스켓 4개와 PCAnywhere 2개(버전 3.2, Windows 3.11)가 포함되어 있었다(얼마 만에 보는 플로피디스켓인지 모르겠다).

출처: MTC company Homepage

첫 영업조직 확충

전시회가 끝나고 몇 달 뒤에는 상황이 어둡게 보였다. 대부분의 패키지가 반환되고 새로운 판매를 위한 채널이 없어지면서 QuickSoft사는 약간 절망했다.

마케팅 측면으로 새로운 기법의 영업 인력이 필요했다.

즉, 기업 고객이 TopManage를 사용하는 경우 초기 사용법 지원 및 고객별 요구사항을 고객 최접점 위치에서 파악할 영업 직군이 필요했다.

마치 현재 SAP사의 영업대표 혹은 SAP 파트너사의 영업대표와 같은 개념의 영업조직을 만들고자 했던 것이다.

영업팀은 실제 매주 새로운 고객을 추가하는 영업도 진행하였으나 가장 중요한 임무는 고객이 계속 TopManage 솔루션을 사용하게 하는 고객 retention 관리였다.

즉, TopManage 솔루션을 사용하기 시작한 고객이 불만사항 이슈로 해지하는 것을 방지하는 역할을 매우 중요하게 생각했다.

예를 들어 초기의 어떤 고객은 기존 시스템과 데이터 연동이 되는 것을 요청했다.

QuickSoft는 이러한 기능이 없었고, 고객은 환불을 희망했다.

영업조직은 이러한 고객의 요구사항을 직접 수령하고, 개발조직에서 해당 요구사항의 개발이 진행되도록 하는 가교 역할을 담당했다.

이렇게 하면서 고객 유지비율은 기하급수적으로 증가되기 시작했고, 고객의 요구사항 중에 일반적인 요구사항이 점점 TopManage 솔루션에 추가 탑재되면서 TopManage 솔루션은 지금과 같은 기업용 ERP의 모습으로 진화되었다.

그 당시 영업조직에서 받은 요청 중에는 MRP(Material Requirement Planning : 자재요소량계획) 기능의 개발 요청도 있었다고 한다. 이 요청을 받은 영업담당자는 솔직히 MRP가 무엇인지 알지도 못했다. 이 기능이 없을 경우 환불 요청하겠다는 고객의 요구에 개발조직에서 MRP 기능을 추가 탑재했다.

이러한 방식으로 계속 TopManage 솔루션이 진화하기 시작한 것이다.

7 QuickSoft의 파트너쉽을 통한 확장

QuickSoft는 영업조직을 통해 점점 더 고객의 요구사항이 반영된 Menahel을 발전시키고 싶었다.

즉, 고객을 위한 강력한 R&D에 좀 더 치중하고자 했다. 이를 위해서 제품의 개발과는 별도의 회사를 준비하게 된다.

새로운 회사는 제품 판매에 중점을 두고, QuickSoft는 제품의 개발·발전 등의 R&D에 더 신경을 쓰고자 했다.

1996년 말에 Agassi 가족이 50%, 초기 창업 직원 25%, 그리고 Harel Computers라는 회사가 25%를 투자한 회사를 만들게 된다(이때 나머지 새로 입사한 직원 스톡옵션도 함께 고려하게 된다. 이 사람들은 나중에 SAP사로 팔리면서 엄청난 부를 얻었을 것이라고 판단된다).

IBM과의 파트너쉽에 대한 이야기이다.

당시 25%를 투자한 Harel Computers라는 회사는 이스라엘에서 가장 큰 IBM 하드웨어 공급 업체였으며, 이스라엘 전국의 PC 판매 시장의 50%를 점유하고 있었다. Harel Computers는 IBM 미국 본사 경영진과 탁월한 관계를 가지고 있었다.

이 회사의 지분이 투자된 TopManage 솔루션의 영업 유통 회사 설립은 상당한 의미가 있었다.

이 회사가 투자를 했다는 것은 TopManage 솔루션이 IBM의 비즈니스 파트너가 되었다는 의미이고, 이는 IBM의 유통 채널을 사용하여 IBM의 하드웨어와 함께 TopManage 솔루션이 함께 팔리게 되는 것을 의미한다.

이를 통해 TopManage 솔루션은 이스라엘 시장뿐만 아니라 미국 등의 글로벌 시장으로 제품의 확장 가능성이 매우 높아지게 된다.

IBM의 지원으로 이벤트, 캠페인 등의 큰 마케팅 행사를 개최했으며 IBM 브랜드를 사용하여 회사와 제품의 신뢰성을 보여주었다.

IBM은 대형 콜센터를 활용하여 리드를 생성했고 TopManage 솔루션 영업사원은 발생한 리드에 대하여 고객사를 방문하여 데모를 실시했다. 또 추가적인 채널 파트너사를 확충하여 이스라엘 전역을 포함하여 글로벌한 판매망의 초석을 다지게 된다.

그 뒤 TopManage 솔루션이 SAP사에 팔리는 시점에 IBM과의 관계가 어떻게 발전, 변화되었는가도 조사를 해 보았지만 아쉽게도 자료를 찾을 수가 없었다.

8 제품의 지속적인 진화: 표준 기능 탑재는 고객 프로젝트를 통해 진화시킨다

TopManage 솔루션이 점점 현재의 ERP 기본 기능으로 발전하는 것에는 R&D가 매우 중요한 역할을 했다.

하지만 추가적으로 더 중요한 과정이 있었다.

바로 고객의 요구사항을 바탕으로 개발하고, 이를 표준화시킨 후의 지속적인 기본 기능 확장이었다.

예를 들어 다음의 화면과 같은 Invoice 생성 화면은 처음에는 총 6개의 항목을 입력할 수 있도록 개발되었다고 한다.

필자 개인적 생각으로도 고객의 입장에서는 하나의 송장상에서 판매하고자 하는 완제품 Material Master(SAP B1에서는 Item Master라고 부름)가 여러 개인 경우가 일반적이라고 생각한다.

그런데 왜 초기에 6개의 항목만 입력할 수 있도록 설계했는지는 모르겠지만, 아무튼 기술적인 이슈로 인해 그렇게 제한이 있었다고 한다.

여러 고객들로부터 이러한 제약사항에 대한 요구가 지속되었다.

하나의 고객이 아닌 여러 고객이 동일한 내용을 지적한다는 것은 그 요구가 범용적 측면에서 고려 대상이 되어야 한다는 의미이다.

이러한 공통적인 고객 요구사항이 반영되면서, TopManage 솔루션은 범용적인 솔루션으로 점점 발전되어 갔다.

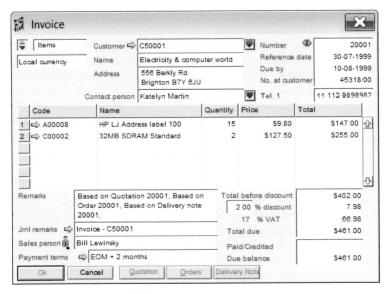

출처: MTC company Homepage

초기의 TopManage, 즉 Menahel은 배우기 매우 쉬워서 새로운 고객으로 하여금 Menahel 사무소에서 4시간 동안의 무료 교육 강좌에 참여하도록 했다고 한다.

지금의 한국으로 치면 '얼마에요' ERP, 미국으로 치면 'QuickBook' ERP같은 개념일 것이다.

이 4시간 세션은 첫 번째로는 일반적인 솔루션 오리엔테이션 및 기능에 대한 시스템 입력 방법과 관련된 교육에 중점을 두었고, 두 번째는 고객 회사의 시스템 설정(현재의 용어로Configuration, 혹은 SAP적인 언어로 IMG Setting이라고 부를 수 있을 듯하다)에 중점을 두었다고 한다.

이에 대한 교육이 완료되면, 참석한 고객은 설정 내용을 플로피디스켓에 백업하고 회사에 돌아가서 사용을 하는 방식이었다고 한다.

초기의 Menahel 솔루션 사용 고객을 위한 교육센터 사진
(마치 현재의 SAP 프로젝트 후 고객사 교육하는 모습과 흡사하다)
출처: *MTC company Homepage*

해외 진출: 첫 시장은 남미

1997년 9월 이스라엘의 텔아비브에서 컴퓨터 전시회가 열렸다.

TopManage도 부스를 열고 참여를 하고 있었다. 이때 파나마에서 온 IT 하드웨어 전문가가 부스를 방문하고 흥미를 보였다.

이 파나마 IT 전문가는 원래 스페인어로 되어 있는 게임 소프트웨어를 찾고 있었으나, TopManage 부스를 우연히 방문하게 되었다. 그는 TopManage 부스에서 영업, 마케팅 및 비즈니스 개발 부사장인 Gadi Shamia로부터 TopManage 솔루션에 대한 설명을 듣고 화면까지 보게 되었다. 그 파나마 IT 전문가는 귀국 후 파나마, 콜롬비아, 칠레에 TopManage를 유통하자는 제안을 하게 되었다.

해외 진출을 위해서는 히브리어 위주의 매뉴얼을 해당 국가의 언어로 번역하고, 사용자 매뉴얼도 변경해야 했다.

또한 프로그램상의 사용자 언어도 수정이 필요했다.

파나마 및 남미 쪽은 스페인어로 사용자들이 사용할 수 있도록 언어를 수정하기로 했다.

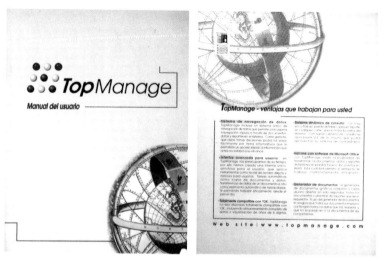

스페인어로 번역된 TopManage 매뉴얼

출처: *MTC company Homepage*

즉, 처음으로 이스라엘이 아닌 다른 나라에 대한 솔루션 판매를 위한 현지화 작업이 시작된 것이다. 그 처음이 바로 남미 국가들을 위한 버전이었다.

현재 SAP A1이나 B1은 전 세계 대부분의 언어를 지원한다(참고로 베트남어는 아직 제외).

필자의 회사가 SAP B1으로 베트남에서 프로젝트를 하는 경우에는 별도의 베트남 언어팩을 SAP B1상에 올리는 개발을 통해 사용자 언어를 변경시키는 경우도 있다. 하지만 고객에게 추천은 하지 않는다.

상위버전으로 upgrade할 때 문제가 발생할 수 있기 때문이다.

그리고 SAP Core 기능은 이미 수십 년 동안 안정적으로 수많은

SAP의 기술 인력이 발전시켜온 것이다. 해당 국가의 언어가 영어가 아니더라도 사용자 메뉴의 언어는 영어버전으로 사용하기를 추천한다. 베트남의 경우도 비록 사용자 메뉴를 영어로 설정해서 사용한다고 해도 입력하는 데이터는 베트남어로 입력이 가능하다.

베트남 대부분의 SAP 고객사는 영어버전을 사용 중이다. 또한 영어 메뉴가 엄밀히 보면 전 세계적으로 통용되는 '업무 언어'이다.

예를 들어 SAP상의 재무회계는 국제회계기준, 즉 IFRS 기준의 영문 회계 단어로 되어 있다. 따라서 SAP를 쓸 정도의 회사이면 본사와 해외 시사가 함께 존재하는 경우가 많고, SAP는 관계사가 함께 사용할 때 연결 데이터의 극대화가 가능하다(여기서 말하는 연결 데이터는 연결회계를 의미하는 것은 아니다).

아무튼 본사와 지사 간의 협업을 위해 시스템상의 언어 설정 시 그냥 영어를 사용하는 것을 추천한다.

필자의 개인적 생각으로 TopManage 솔루션이 남미로 진출할 때 언어의 현지화만 고민했으면 초기엔 현지의 Compliance 관련 프로세스 때문에 꽤 고전을 했을 듯하다.

현재의 SAP는 각 국가별로 현지 회계, 세무 등의 Compliance 관련 프로세스가 함께 추가 탑재가 되어있다(HR 같은 경우도 SAP B1은 기능이 없으나, SAP A1의 경우에는 각 국가별 인사제도가 함께 포함되어 있다. 대표적으로 우리나라의 연말정산은 매년 약간씩 변경되는데, 이러한 변경사항은 SAP 측에서 Patch를 배포한다).

물론 그래도 일부 각 회사마다의 개발은 필요하다.

10 해외 진출: 그 다음은 아시아와 유럽

2002년에 TopManage 솔루션을 SAP가 인수할 때까지 이스라엘 이외의 모든 국가에서 제품의 이름은 TopManage라는 명칭으로 판매가 진행되었다. SAP 인수 전까지는 이스라엘 내에서는 히브리어로 Menahel 솔루션이라 명칭하고 계속 판매가 되었다(신규로 진출한 일부 국가에서는 그 당시 시대상을 반영하여 다른 명칭으로 불리기도 했다).

예를 들어 아시아 국가에 처음 진출 시에는 다른 명칭이 사용되기도 했다.

혹시 이 책의 독자 중에 '복제양 돌리'를 들어본 분이 있는지 모르겠다.

싱가포르와 말레이시아에 제품을 판매하기 위해 현지 채널에서 시연 회를 하였다고 한다. 그 시연을 본 사람들은 TopManage가 문서를 매우 쉽게 복제할 수 있다는 것에 깊은 인상을 받았다고 한다. 시연 후에는 싱가포르, 말레이시아에서도 현재 채널을 통해 판매를 하기로 했지만 솔루션 명칭에 대한 조건이 있었다고 한다.

현지 투자자와의 시연에서 그는 문서를 매우 쉽게 복제할 수 있다는 사실에 깊은 인상을 받았으며 제품명을 그 당시 복제된 양 돌리(Dolly)의 이름을 따서 'Dolly'로 지정해야 한다고 주장했다. 해외시장에서 TopManage라는 이름을 쓰지 못한 첫 번째 케이스라고 한다.

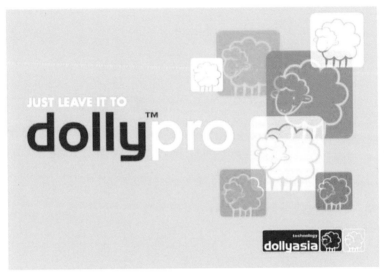

싱가포르와 말레이시아 시장에서 선보인 TopManage의 이름 '돌리 프로'
(복제양 돌리를 제품 소개서에 포함시켜서 동일업무 처리 시 Cut & Paste가 매우 간편하다는 암시를 준다)
출처: MTC company Homepage

그리고 동유럽 폴란드에도 진출하게 된다.

폴란드에서는 폴란드 현지의 소프트웨어 회사인 유마(Yuma)라는 회사를 통해 현지화를 하고, 폴란드 시장에서 판매를 하게 된다. 폴란드 현지화는 2000년에 진행했다고 한다.

유마라는 폴란드 파트너는 폴란드 시장에서 첫해에 70개의 Top-Manage 제품을 판매했다.

요즘으로 치면 SAP B1 파트너 한 개의 회사가 일 년에 SAP B1 프로 젝트를 70개 했다는 의미로 해석할 수 있다. 이 회사는 120명의 컨설 턴트를 보유했다고 하는데 TopManage의 가장 큰 파트너 중 하나였다 고 한다.

약간 주제를 벗어나는 이야기를 조금 길게 하겠다.

참고로 현재 우리나라에서 SAP B1 컨설팅 서비스를 하는 가장 큰 1, 2위의 회사도 100명 이상의 SAP B1 컨설팅 인력을 보유하고 있지 못하다. 그리고 한 회사에서 일 년에 70여 개의 SAP B1 프로젝트를 하는 곳도 없다.

우리나라에서는 솔직히 하나의 SAP 파트너사가 일 년에 10개 이상 의 SAP B1 프로젝트를 수행하기에도 버거운 편이다.

우리나라의 프로젝트는 고객별 요구사항이 다른 나라보다 꼼꼼하고 많은 편이라 '설치 후 바로 교육 및 사용하기'식 프로젝트가 진행되기 어려운 편이다.

하지만 현재도 다른 나라의 SAP B1 파트너사들은 일 년에 수십 개 의 프로젝트를 한다.

이것은 우리나라가 잘못되었다는 것이 아니라 우리나라 고객의 꼼 꼼함 때문이라고 생각한다. 즉 우리나라의 고객사가 ERP를 이해하고 받아들이는 차이에서 기인한다.

1년에 한 번씩 열리는 SAP Summit에 참석을 해서 각 국가별, 혹은 각 대륙별 실적이 우수한 SAP 파트너를 만나보면 알 수 있다.

대표적으로 인도의 SAP B1 파트너가 그 사례가 될 수 있다.

인도라는 나라는 ERP라는 Solution을 바라보는 방식이 우리나라와
는 차원이 다르다. 즉, ERP는 그냥 그 속에 있는 프로세스를 컨설턴트
로부터 교육받고 기존 시스템의 데이터를 마이그레이션하고 바로 사용
하는 방식의 Solution이라는 생각을 고객이 기저에 쌀고 ERP를 받아
들인다. 따라서 인도에서는 우리나라보다 보통 프로젝트 기간이 짧고,
따라서 비용도 적게 들고, 시스템 오픈 후 안정화도 쉽다.

예전 SAP Korea의 Channel Partner 담당자, 그리고 SAP APJ(Asia
Pacific and Japan) SME(Small & Medium Size Enterprise) 마케팅 담당자
와 이야기를 나눈 적이 있다.

인도의 SAP 파트너 컨설팅 회사 중 중견기업을 타겟으로 하는 어떤
회사가 있는데 그 컨설팅 회사가 일 년에 수행하는 프로젝트가 백 건
이 넘는다고 한다.

마치 맥도널드가 전 세계 프랜차이즈 매장에서 동일한 맛이 나는
ready-made 레시피 매뉴얼을 가지고 있는 것처럼 프로젝트를 수행
한다.

ERP를 미리 고객사가 속한 산업에 맞도록 configuration한 후, 프로
젝트는 단순 교육 및 시스템 오픈 방식으로 가는 것이다.

이렇게 되면 한 명의 컨설턴트가 동시에 두 개, 세 개의 프로젝트를
할 수 있고, 하청을 주더라도 동일한 프로젝트 품질 도출이 가능하고,
고객은 비싼 ERP를 저렴하게 도입할 수 있다.

한국에서도 인도와 같은 시도가 예전부터 있었다.

각 산업에 맞는 프로세스를 미리 configuration하고 필수불가결한 법적 기능은 미리 개발을 해서 소위 ready-made solution을 가지고 ERP 프로젝트를 하는 방법론을 수많은 SAP 파트너사가 시도해 왔다.

하지만 고객 입장에서는 해당 고객사에게 맞는 개발을 포함한 ERP 를 더 선호한다. 기성복을 사서 수선집에서 조금 수선 후 입는 것에 비유할 수 있겠다.

11 MS-SQL 데이터베이스

현재의 SAP A1, SAP B1은 SAP의 자체 DB인 HANA DB를 사용한다.

SAP A1의 경우에는 대부분의 DB에서 모두 사용 가능했고, SAP A1 이 데이터 처리량이 많은 대기업용 ERP였으므로 대부분은 오라클 DB 를 사용했다.

현재도 SAP S/4 HANA 버전으로 upgrade하지 않고, 오라클 DB를 기반으로 SAP A1을 사용하는 고객사가 꽤 많다.

SAP B1의 경우에는 DB 선택이 그리 여유롭지 못하다.

SAP B1 HANA DB가 나오기 전까지는 무조건 MS-SQL DB만을 사용해야 했다.

초창기 TopManage 솔루션의 DB는 MS-SQL 데이터베이스가 아니었다.

Codebase-5라는 데이터베이스였다.

Codebase-5 데이터베이스는 비교적 작은 사이즈이기 때문에 조금이라도 데이터 볼륨이 많은 중견·중소기업에서는 사용하는 데 불편함이 발생하였다.

Codebase-5는 때때로 데이터가 원격 디스크에 저장되어 파일 불일치가 발생하고 실패 시 롤백이 발생하지 않으므로 최신 DB 기반 시스템이 아니었다.

또한 쿼리는 클라이언트 측에서 관리되었으므로 쿼리를 실행하기 전에 거의 전체 데이터 세트를 클라이언트로 전송해야 하는 경우도 있었기 때문에 최종 사용자는 매우 간단한 보고서나 쿼리만 작성해야 했다. 이는 매우 비효율적이며 심각한 성능 문제를 일으켰다.

많은 사용자와 많은 거래량을 가진 회사를 지원하는 것에 데이터베이스 문제가 대두되면서 TopManage의 기술진들은 Codebase-5 시스템을 실제 최신 DB 시스템으로 교체해야 한다는 결정을 내린다.

이전 페이지에도 삽입한 SAP B1의 연도별 진화 마일스톤 사진이다.
이 사진의 각 항목별 진화 과정이 SAP B1의 History를 함축적으로 보여 준다.

TopManage 솔루션에게 90년대 후반의 기간은 기회와 도전으로 가득 차 있었고, 점점 더 많은 언어와 국가를 다루게 되었다.

그 중에 현재의 SAP B1이 될 수 있었던 가장 큰 기술적인 변화는 바로 MS-SQL 데이터베이스로 변경한 것이라고 생각한다. 과거에는 접할 수 없었던 시장에 진출할 수 있는 기회가 더욱 확대되는 시발점이 되었기 때문이다.

하지만 메인 데이터베이스의 변경이 그리 쉬운 것은 아니다.

예를 들어 요즘 대세인 SAP HANA DB로 과거의 MS-SQL DB 기반의 SAP B1을 변경하는 것은 매우 어렵고 힘들며 시간이 걸린다.

1년이 넘는 노력 끝에 데이터베이스를 최신 MS-SQL 7.0 데이터베이스로 변경하여 규모가 있는 데이터의 처리가 가능하게 되었다.

SQL 기반 시스템으로 변경하기 위해서 생산, 구매, 영업, 회계 프로세스 관련 모두 모듈을 다시 설계하고 개발해야 했다.

TopManage 솔루션은 이러한 힘든 작업을 진행하면서, 기능적인 향상까지 함께 진행하였다. 기능적 향상 항목 중에 후일 큰 획을 그을 만한 기능 향상을 정리해 보면 아래와 같다. 즉 다음의 응용 프로그램을 추가로 개선하면서 그 힘든 DB 변경 작업을 한 것이다.

- 고객과의 영업 기회 관리 및 분석을 위한 기회 관리(지금으로 치면 CRM 기능을 탑재한 것이라고 보면 된다)
- 다중 통화 시스템(현재 SAP의 전 세계 모든 통화를 여러 개 쓸 수 있는 Multi-Cur-

rency 기능이라고 보면 된다. 이를 통해 환차손익이 결산 시 자동 계산된다)

- 리포팅 기능(SAP의 장점은 계획과 실제의 비교이다. 이러한 BI 관련 기능도 함께 향상
  시켰다)

- 표준 개발 도구(향후 SAP B1으로 변경되었을 때 애드온 개발 표준에 매우 중요한 역
  할을 하게 된다): 사용자 정의 필드, 메뉴 제목 변경 기능, 필드의 유효값 Check
  등. 이것들은 나중에 소프트웨어 개발 키트(SDK)로 발전하게 된다(아마존에서
  외산 서적을 검색해 보면 SAP B1 SDK 책이 매우 많다. 그 정도로 SAP B1의 확장 개발
  범용성을 확보한 것이다).

예전 SAP R/3 시절 보았던 것 같은 TopManage 설치 CD
출처: *MTC company Homepage*

TopManage 솔루션은 이때 두 개의 제품 라인을 출시하였다.

- Menahel Classic: 3명의 사용자를 포함한 전체 시스템에 대해 가격이 USD 2,380인 매우 작은 회사의 시장용 솔루션
- Menahel Top: MS-SQL 및 3명의 사용자를 포함한 전체 시스템에 대해 가격이 USD 3,300인 중소기업을 위한 솔루션

초기에는 기업용 ERP치고는 매우 저렴한 가격으로 팔았던 것을 알 수 있다.

MS-SQL DB로 변경, 기능 향상 등의 힘든 작업은 MicroSoft와 협업을 하면서 2000년도가 시작되기 직전에 진행되었는데, 이는 정말 또 다른 성장의 큰 기폭제가 된다.

MicroSoft와의 협력이 Y2K 이슈에 선제적으로 대응하게 하였고, 이는 폭발적인 세기말 성장을 가져오게 된다.

세기말에 이미 회사 직원은 4배 증가했으며 새로운 현대적 사무실로 이전했다. MS-SQL DB를 탑재시키면서 Microsoft 및 타사 공급 업체와의 협력을 강화하여 더 많은 시장에 도전할 수 있었고, 중견·중소기업용 ERP 솔루션으로서 시장의 리더 위치가 더욱 강화되었다.

새로운 밀레니엄 시대인 2000년이 다가오면서 전 세계의 IT 관련 회사들은 큰 화두에 직면하게 된다.

그 당시의 IT 소프트웨어는 연도 표시를 2자리만 하는 것이 대부분이었다.

2000년이 시작되면서 이제는 연도의 앞 2자리가 함께 들어가야 했다.

아직도 기억나는 것이, 세기말에 연도 표시 오류가 나면서 핵전쟁이 날 수 있다는 뉴스 기사를 본 것이 생각난다.

TopManage 솔루션은 Windows 기반 시스템이다.

다행히도 Windows 기반 시스템은 연도 필드가 4자리 필드를 차지했기 때문에 TopManage에게는 큰 기회가 되었다.

Y2K 버그로 인해 발생할 수 있는 기업용 ERP상의 불확실한 결과는 많은 회사들이 1999년 4분기에 TopManage 제품을 구매하도록 영감을 주게 된다.

12 마케팅 강화

　TopManage가 이제 Global한 기업용 솔루션으로 확장이 된 측면은 해당 솔루션의 품질에서 기인한 측면도 있지만 마케팅 측면도 무시할 수 없다고 생각한다.

　왜냐하면 QuickSoft사가 TopManage의 마케팅에 사용했던 방법이 현재의 SAP사의 마케팅과 매우 유사하다는 느낌을 받았기 때문이다.

　SAP는 해당 산업군에서 가장 유명하고 최고의 고객 성공사례 위주의 마케팅을 매우 중요시한다. 전산시스템은 실제 사용하는 고객 측면의 이야기를 들려주는 것이 중요하다. 일류 기업이 SAP를 사용한다는 뉘앙스를 잠재고객에게 준다.

　TopManage 솔루션은 중견·중소기업용이다. 따라서 일반 고객들은 TopManage 솔루션을 사용하는 중견·중소기업의 이름을 잘 알고 있는 경우가 많지 않다.

　QuickSoft사는 비록 중견·중소기업이지만 해당 산업군에서 그래도 꽤 유명하고 어느 정도 인지도가 있는 고객을 골라서 해당 고객이 우리의 솔루션을 쓰고 있고, 기업 경영에 효과가 있다는 성공사례 위주의 마케팅을 전개했다.

즉, 산업별 대표기업에서 TopManage 솔루션을 사용한 기업 경영의 성공사례 위주로 마케팅을 진행했다.

이러한 마케팅은 현재의 SAP 카드뉴스를 보면 바로 이해가 간다.

SAP사의 마케팅 포스터를 몇 개 발췌해 보았다. TopManage가 썼던 마케팅 모델도 이와 매우 유사하다.

출처: https://sap.sd/runs-sap-advertising

출처: https://sap.sd/runs-sap-advertising

13

Microsoft Office에 통합된 TopManage 번들 출시

90년대 중반 Microsoft는 소기업을 대상으로 하는 세 가지 주요 비즈니스 라인을 운영했다.

WordPerfect 같은 워드 프로세서가 지배하는 시장에서 Microsoft Word의 독립형 버전, Lotus 1-2-3라는 스프레드 시트가 지배하는 시장에서 Microsoft Excel, 그리고 Novell이 지배하는 시장의 소규모 비즈니스 서버 등이다.

QuickSoft사는 TopManage 솔루션에서 입력된 데이터를 각종 문서나 보고서 등으로 쉽게 만들 수 있는 MS Office 제품과 통합되어 연동되는 'MenahelOffice'를 출시하게 된다.

출처: MTC company Homepage

MS Word 문서를 비롯하여 보고서를 Excel로 내보내는 기능이 포함
된 소프트웨어 패키지였다. 이 모든 것은 Word 아이콘을 클릭하면 문
서의 내용을 고급 레이아웃으로 Word로 내보내고, Excel 아이콘을
클릭하면 보고서 데이터를 Excel로 자동으로 내보내는 방식으로 제품
에 포함되었다.

오늘날에는 Excel 다운로드나 Word 다운로드가 무슨 특이한 기능이냐고 의아해할 수도 있다.

하지만 당시에는 회계 및 관리 응용 프로그램이 포함된 통합 Office 패키지로써 매우 획기적인 시도였다.

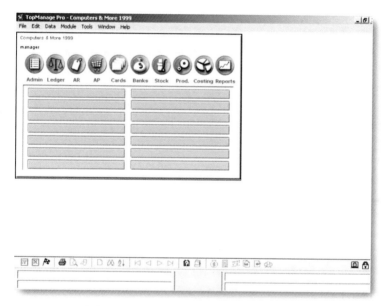

TopManage의 각종 데이터 다운로드 화면(이 기능이 MS Office와 연동되도록 하였다)
출처: MTC company Homepage

위의 화면에서 추출하고자 하는 아이콘을 누르면 해당 데이터가 Word나 Excel 양식의 보고서로 다운이 된다.

일종의 BI(Business Intelligence) 기능을 MS Office 제품을 통해 구현했다고 볼 수 있다.

이렇게 TopManage 솔루션은 저렴한 가격과 고객 편의를 고려한 사용의 간편성 등으로 중소기업용 ERP 시장에서 점점 성장을 하게 되었다.

이때 SAP사도 기존 대기업 시장이 아닌 중견·중소기업 고객을 위해 노력을 하고 있었다.

처음에는 SAP도 자체적으로 SMB 시장을 위한 ERP를 준비하고 있었고, TopManage의 인수는 생각하지도 않았었다.

TopManage가 성장하던 기간 동안 SAP는 어떻게 SMB 시장용 ERP를 고민하고 있었는지를 설명하겠다.

14 SAP가 준비했던 SMB용 SAP ERP

SAP의 TopManage 인수는 2002년에 결정되었다. 2002년 2월 Top-Manage 인수 결정 몇 주 후인 3월 중순 CeBIT 행사에서 전 세계를 대상으로 TopManage 인수를 발표하게 된다.

그 결정을 하기 전까지 1990년대에 SAP도 비교적 단순하고 쉬운 기능으로 중소기업(SMB)에 솔루션을 제공하고자 하는 노력을 진행해 왔다.

SAP는 강력하고 충성도가 높은 고객 기반과 평판을 구축한 거대 글로벌 기업을 위한 SAP R/3 솔루션을 기반으로 오랫동안 유명했다.

그러나 계속 확장하기 위해 대기업군보다 훨씬 숫자가 많은, 좀 더 작은 고객을 위한 SAP 솔루션을 계속 고민하였다.

또한 그 당시 SAP R/3를 이미 쓰고 있는 고객들로부터도 수많은 해외 지사, 영업 사무소의 업무 처리를 위한 솔루션 필요성이 대두되었다.

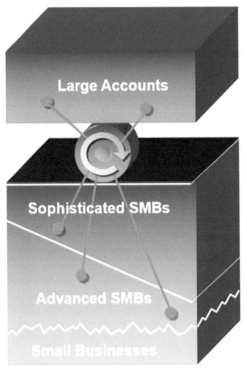

SAP가 생각하던 시장 포트폴리오. 큰 고객은 이미 SAP A1을 선택하고 있으므로
해당 대기업보다 작은 회사를 다시 세분화하여 새로운 SMB 솔루션으로 접근하고자 하였다.
출처: SAP Global Homepage

1990년대 중반 SAP는 'Heidelberg Project(일명 SAP-Lite)'라는 중소
기업 솔루션 개발에 많은 투자를 하고 있었다.

IT 직원이 거의 없는 회사에 회사의 모든 측면을 포괄하는 통합 비
즈니스 솔루션을 갖춘 제품을 제공하기 위한 것이었다.

SAP가 처음에 시도했던 방식은 꽤 단순했다.

기존의 대기업용 SAP R/3를 중견·중소기업용으로 축소시켜 개발하

는 전략을 취했다.

SAP R/3의 기능을 축소시키고, DB도 좀 더 저렴한 것을 사용하게 한다면 가격 경쟁력도 있고, 개발도 쉬울 듯했다. 더군다나 전 세계 기업용 ERP 시장을 호령하고 있는 SAP가 만든 중소형 ERP이므로, 고객의 반응은 쉽게 올 것으로 생각했다.

그런데 문제가 있었다. 소규모 조직이라고 해도 운영 업무가 단순한 것이 아니었다.

대기업과 동일한 업무를 여러 명이 아닌 한 명이 처리하는 것뿐이었다. 때문에 사용자는 기능을 축소시킨 시스템이라도 매우 어렵게 느꼈다.

결국 소규모 사업체가 운영하기가 더 쉽다는 믿음은 틀렸다는 것이 여러 번 입증되었다.

관리 계층이 적은 소규모 조직의 직원은 여러 역할을 수행하기 때문에 영업 관리자가 마케팅을 맡거나 구매 관리자가 창고를 책임질 수도 있다. 따라서 기능을 축소하기보다는 데이터 입력의 단순화가 더 중요했다.

SMB 시장에 대한 SAP의 역량 부족으로 인해 개발 방향을 SMB 고객의 특정 요구를 해결하도록 설계된 솔루션을 구축하는 것이 아니라 SAP R/3를 축소하는 것으로 한 것은 결국 실패하고 말았다.

그럼에도 SAP는 몇 년 동안 노력을 기울였다.

그런 내부 고민과 실패 후 기회가 찾아온 것이다. 그 기회는 바로

TopManage 솔루션을 알게 된 것이고, 그것을 인수하게 된 것이다.

SAP가 접근했던 것과 다르게 TopManage 솔루션은 Windows 기반이라 우선 IT 리소스가 거의 또는 전혀 없는 소기업에서 관리하기 위한 요구를 충족하도록 처음부터 설계되었다.

이 솔루션은 일반적인 SMB의 기본 요구사항 대부분을 해결하는, 즉 간결하고 사용하기 쉬운 것에도 초점이 맞춰져 있었다.

실제 SAP A1과 SAP B1의 회계 기표 화면을 보면 바로 이해가 간다.

SAP A1 스탠다드의 회계 기표를 위해서는 최소한 3개의 화면을 엔터 버튼을 치고 들어가야 한다.

하지만 SAP B1은 한 화면에서 처리가 가능하다.

결국 대기업이나 중소기업이나 해야 할 업무는 동일하고, 입력의 단순성이 더 중요한 것이다.

이에 반해 TopManage 솔루션은 SAP A1과 같은 유사한 업무 통합 솔루션이나, 내장된 기본보고와 함께 통합 재무, 영업, 고객 관계 관리, 재고 및 운영 업무를 위한 데이터 입력의 편의성이 더 뛰어났다.

즉, 단순성을 우선순위로 유지하면서 기능은 계속 확장되었다.

필자가 실제 SAP A1 프로젝트를 할 때에도 SAP A1이 제공해주는 전체 업무 기능 중 실제 고객사에 구현되는 기능은 얼마 되지 않는다. SAP B1은 기업에서 꼭 사용하는 기능만으로 기본 기능이 구성되어 있다.

아무튼 SAP A1은 하나의 업무 기능이라도 매우 상세하게 설계되어 있고, SAP B1은 하나의 업무 단계를 비교적 축약하여 입력의 편의성을 좀 더 확보했다고 보는 것이 좋을 듯하다.

그러다 보니 SAP A1 프로젝트는 FI, CO, SD, MM, PP 등과 같이 상세 모듈별로 컨설턴트가 투입되고, SAP B1은 FCM, SCM으로 구분하여 적은 인원이 투입된다.

SAP가 스스로 개발하려고 했던 SMB 시장 솔루션의 어려움은 Top-Manage를 만나면서 두 회사 모두에게 미래의 기회가 되었다.

SAP와 TopManage 간의 첫 번째 회의는 2002년 1월 캘리포니아 Palo Alto에서 열렸다. SAP 창업자이자 CEO인 Hasso Plattner는 TopManage의 CEO인 Reuven Agassi와 만나서 중소기업 시장에 대해서 논의를 하였고, TopManage의 영업, 마케팅 및 제품 담당 부사장인 Gadi Shamia가 데모를 시작했다.

Hasso Plattner는 꽤 상세하게 질문을 했다.

그는 "현금, 수표 및 신용을 사용하여 동일한 송장을 지불할 수 있습니까?"라고 물었다(현재에도 SAP상에서 Payment 시 다중 payment method로 입출금 반제 기표를 하기는 매우 어렵다. 이는 기능상의 어려움보다 소위 '원래 발생 채권 대비 입금 반제 업무가 어렵다'고 생각한다. 회사의 회계 담당자들은 이해할 것이다).

Gadi Shamia는 이러한 질문에 "아니오"로 많은 답변을 했다.

안 되는 기능은 가차 없이 "그런 기능 없다"고 답변을 한 것이다.

Hasso Plattner가 기능이 너무 없고, 단순하다고 판단할 것이라 생각했겠지만 실제로는 그 반대였다. Hasso Plattner는 TopManage 솔루션이 SAP A1과는 다르게 안 되는 기능은 가차 없이 제외시키고, 기업이 가장 필요한 기능 위주로 단순화시킨 것에 매우 만족했다.

Plattner는 제품과 개념에 깊은 인상을 받았으며 제품을 구축하고 유지하는 간단한 개념을 SAP Labs에 방문하여 로드쇼를 개최하도록 제안했다.

2주 후 독일 왈도프에 있는 SAP 본사(독일 왈도프는 농촌 도시이다. 가본 사람들은 알겠지만 SAP 건물 외에 아무것도 없다. 목동의 시골로 보는 것이 좋을 듯하다. 다시 말해 다른 상념 없이 SAP 연구·개발하기 딱 좋은 곳인 듯하다)에서 열린 다음 회의에서 Plattner는 SAP 유럽, 중동 및 아프리카(EMEA) 회장을 데려왔다.

그 동안 TopManage 쪽은 로드쇼에서 보여줄 솔루션에 SAP의 디자인 느낌이 들도록 수정하는 작업을 진행했다.

Plattner는 TopManage 개발이 짧은 시간 내에 사용자 인터페이스를 완전히 변경하여 개발 및 제품의 유연성을 입증하는 데 깊은 인상을 받았다.

이 회의 직후 SAP는 SAP 유럽, 중동 및 아프리카(EMEA) 회장인 Apotheker를 이 프로젝트의 책임자로 지명하였다.

Apotheker란 사람을 필자가 본 적은 없으나, 개인적으로 이 사람도 매우 현명한 사람이었을 것이라고 생각한다. 인수를 하기 위해 피인수회사를 파악하는 일을 agency를 통해 모든 것을 의뢰한 것이 아니라 본인이 직접 발로 뛰었기 때문이다.

또한 Apotheker 본인이 직접 TopManage 솔루션을 살펴보고, 특히 TopManage 직원 구성원의 인사이트를 함께 본 것은 매우 현명했다고 본다.

요즘에도 보통 투자자가 스타트업에 투자할 때 기술도 고려하지만 해당 스타트업을 구성하는 사람들의 가중치를 더 높게 보는 것과 유사하다고 느낀다.

그는 실사를 수행하고, TopManage 시설을 방문하고, 직원을 만나고, 일부 고객을 방문하기 위해 이스라엘에서 TopManage 직원들과 직접 업무를 시작했다.

Apotheker는 실사 방문 중에 경험한 것에 깊은 인상을 받았다. TopManage 회사에서도 본인들이 만든 TopManage를 사용하여 회사관리를 하고 있었는데, 시스템상에서 모든 정보를 탐색 및 드릴 다운하고 SAP 시스템보다 빠른 정보를 얻는 방법을 알고 있다는 사실에 깊은 인상을 받게 되었다.

16 인수

독일로 돌아가는 길에 Apotheker는 2002년 2월 예정된 SAP 차기 이사회 회의에서 TopManage 인수를 권유하기로 결정을 하게 된다.

Boston Consulting과 협력하여 비즈니스 사례와 TopManage 제품, 포지셔닝에 대한 모든 세부 정보를 준비했다.

이때 새로운 이름이 결정되게 된다.

기존의 Menahel Classic(3명의 사용자를 포함한 전체 시스템에 대해 가격이 USD 2,380인 매우 작은 회사의 시장용 솔루션)은 VantageOne으로,

그리고 기존의 Menahel Top(MS-SQL 및 3명의 사용자를 포함한 전체 시스템에 대해 가격이 USD 3,300인 중소기업을 위한 솔루션)은 SAP Vantage-Plus로 이름을 짓게 된다.

이사회의 결정과 최종 협상 후, SAP 커뮤니케이션 및 마케팅은 독일 하노버에서 매년 개최되는 CeBIT 기술 박람회에서 인수를 발표할 준비를 시작했다. 보도자료는 SAP가 중소기업을 위한 'SAP Vanta-geOne 솔루션' 프로그램으로 발표를 준비했다.

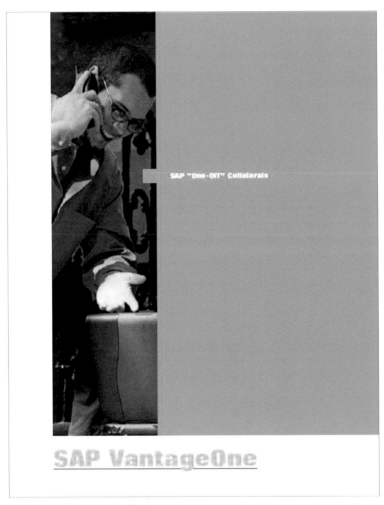

출처: MTC company Homepage

하지만 최종적으로 다시 이름이 변경되었다.

CeBIT 직전에 2002년 3월 13일 발표한 SAP 측 언론 자료에서는 '스마트 비즈니스 솔루션'으로 발표되었다.

우리가 현재 부르고 있는 'SAP Business One'이라는 이름도 이미 고려 대상이었다고 한다.

하지만 CeBIT 박람회 개최 시점이 임박했기 때문에 'SAP Business One'이라는 이름이 이미 다른 회사에 의해 상표권으로 청구되었는지 여부에 대한 최종 결론을 얻지 못했다.

그래서 첫 언론 보도에는 '스마트 비즈니스 솔루션'으로 발표되었다.

결과적으로 모든 프레젠테이션 및 문서가 'Smart Business Solutions'를 반영하도록 변경되었다.

출처: MTC company Homepage

SAP 공동 CEO가 실시한 기자회견에서 TopManage의 Gadi Shamia와 Henning Kagermann은 제품을 시연하는 데 5분밖에 걸리지 않았다.

이는 SAP가 대기업의 요구사항만 처리한다는 시장 인식의 전환점이 되었다.

이제 SAP는 중소기업 대상의 Global 시장에서 오늘날의 시장 리더 역할을 할 수 있는 거대한 시장 잠재력에 도달할 수 있게 되었다.

당연히 TopManage 직원에게는 이것이 큰 변화였다.

그들은 소규모 회사의 직원에서 글로벌 회사의 일부로 전환하여 제품 개발, 지침, 프로세스, 문화적 요구에 대한 새로운 표준을 바탕으로 일을 하게 되었고, 세계 다른 지역의 동료들과 의사소통을 하면서 제품을 계속 발전시켜야 하는 수준으로 향상되었다.

이미 SAP가 전 세계 시장 대상으로 SAP를 팔고 있었기 때문에 새로운 솔루션도 전 세계 대상으로 각 국가별 법적 요구사항 등을 반영해야 했기 때문이다.

17 새로운 시작

TopManage를 SAP Business One이 인수함으로써 SAP는 소프트 웨어 솔루션을 쉽게 구현하고 사용하고자 하는 전 세계 대기업 고객의 자회사와 제조법인들뿐만 아니라 수많은 중소기업까지 포함하는 큰 시장 잠재력에 도달할 수 있었다.

중소기업의 요구를 해결하는 새로운 SAP 제품은 SAP 제품이 대기업 전용이며 길고 복잡한 구현으로 중소기업의 요구를 해결할 수 없다는 시장 인식을 바꾸는 데 큰 전환점이 되었다.

인수 후 즉시 개발 및 영업조직은 새로운 가족 구성원이 내부 프로세스, 지침 및 작업 환경에 익숙해지고 적응할 수 있도록 고려를 하였다.

비록 SAP가 Global한 대기업이지만 TopManage 시절처럼 혁신적인 스타트업 정신을 유지했다.

또한 SAP는 새로운 중견 시장 개발팀의 서비스 및 지원 조직은 계속 이스라엘에서 제품을 개발하기로 결정하여, 제품이 단순하게 유지되고 SAP ERP의 영향을 받지 않도록 했다.

현지 팀은 과거 TopManage 시절처럼 Microsoft Visual Studio.net 기반으로 SAP B1을 계속 개발하면서 솔루션의 연속성에도 큰 문제 없이 적응하였다.

한편으로는 SAP 제품의 품질 표준을 관리하면서 제품에 더 깊이를 제공하고 기존 기능과 인프라를 개선해야 했다.

특히 SAP로 인수된 다음에는 더욱 전 세계 국가별 기능 개발 및 확장에 많은 투자를 하게 된다. 이러한 투자를 바탕으로 현재는 전 세계 160개국에서 SAP B1을 사용하는 데까지 이를 수 있었다.

비즈니스 소프트웨어의 현지화는 단순히 텍스트를 번역하는 것 이상이다. 그것은 특정 국가에 대한 다양한 언어, 법률, 보고 및 사업 관행을 인코딩하는 소프트웨어를 생산하는 것을 의미한다. 여기에는 날짜 및 시간 형식 재지정, 사용자 인터페이스의 도움말 파일, 설명서 및 텍스트 번역이 모두 포함된다.

이러한 작업은 워낙 방대하므로, 수많은 사람의 투입이 필수불가결하였다.

이제 TopManage 솔루션에서 SAP B1으로 한 단계 더 진화된 솔루션이 탄생하였다.

다음 항목에서는 그때부터 지금까지 SAP B1이 SAP사 휘하에서 어떻게 국가별 특징을 반영하였는가를 설명하겠다.

이 작업 역시 상당히 드라마틱하기도 하지만, 한국 버전이 개발될 시점에는 현재 필자가 몸담고 있는 회사의 SAP B1 전문가(현재는 모두들 회사의 중역이다)도 한국 버전 개발에 참여를 하였기 때문에 개인적으로도 SAP B1의 한국 버전의 탄생에는 관계가 있다.

SAP B1 플랫폼의 진화

SAP B1 초기에는 이스라엘에서 대부분의 연구·개발이 진행되었다.

하지만 국가별 기능이 들어가는 전 세계 버전을 개발하기 위해서는 더 많은 인력을 투입해야 했고, 각 국가별 프로세스 특징을 이해하는 대륙별 전문가도 필요했다.

이를 위해 SAP는 '클러스터'라는 용어로 3개의 지역 버전을 구분하여 개발을 진행한다.

각 클러스터 개발 팀은 해당 지역 국가에 특화되어 있으며 SAP Business One 지역 제품 전문가(제품 문제, 현지화 및 파트너 국가의 파트너 지원을 담당하는 SAP 직원)의 의견을 바탕으로 버전 개발을 진행했다.

지역 버전은 다음과 같이 구분하여 진행하였다.

- 클러스터 A: 서유럽 및 미국을 위해 이스라엘과 독일에서 개발
- 클러스터 B: 아시아 태평양 지역을 위해 중국에서 개발
- 클러스터 C: 동유럽 국가를 위해 슬로바키아에서 개발

각 클러스터는 해당 대륙의 국가별 버전 개발을 담당하고, 제품을
시상에 줄시할 수 있도록 하는 임무를 수행했다.

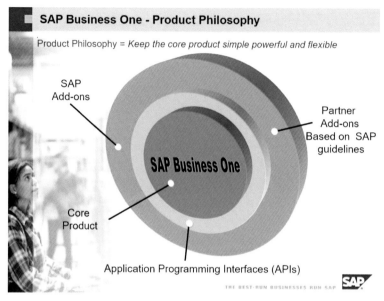

출처: SAP Partner Edge Program

위 그림이 현재에도 동일하게 진행되는 SAP B1의 핵심 기능 적용 철
학이다.

SAP B1의 핵심 기능, 즉 Core Product는 전 세계적으로 동일하게
관리되고 통용된다.

그리고 각 국가별 SAP B1 파트너들에서 SAP의 가이드와 검증을 거
친 Qualified Add-On이 추가로 장착된다.

만약 SAP B1과 다른 이기종 시스템의 연동이 필요할 경우에는 SAP

B1에서 제공하는 API를 통해 연동시킴으로써 항상 표준 프레임상에서 시스템이 관리되도록 한다.

즉, SAP와 MES(생산실행관리 시스템)를 함께 연동하거나 SAP와 POS(Point of Sales)를 함께 연동하는 경우 SAP가 만들어 놓은 표준 연동 프레임상에서 연동이 진행된다.

현재는 이러한 방식을 SAP Service Layer 기반의 연동 개발이라고 하며, 필자의 회사가 한국에서는 최초로 이러한 방식을 수행하여서 SAP Global로부터 디지털 혁신상을 수상한 바 있다.

이러한 모든 Add-On은 SAP B1의 표준 SDK(Software Development Kit) 기반으로 개발된다.

기본적으로 SAP Business One의 Core 소스 코드는 안정성과 기능이 향상된 '단일 버전'을 보장하기 위해 직접 변경, 수정이 불가능하다 (이 점이 SAP가 내부통제가 가능한 ERP로 인정받는 점이다).

SDK를 통해 파트너와 고객은 SAP Business One의 표준 지침에 따라 외부 솔루션을 통합하여 시스템의 비즈니스 논리 요구사항을 충족할 수 있도록 설계되어 있다.

SDK를 통해 SAP B1 파트너는 API(Application Programming Interfaces)를 사용하여 다음을 수행할 수 있다.

- 맞춤형 솔루션 및 통합: DI-API(Data Interface Application Programming Interface)를 사용하여 모듈과 기능을 추가하고, 제품의 비즈니스 워크플로우를 수정하고, SAP Business One과 SAP 간의 실시간 링크를 생성하여 고객의

특정 요구사항에 적합한 외부 응용 프로그램

- 사용자 인터페이스 변경: UI-API(User Interface Application Programming Inter-
face)를 사용하여 개발자는 새 창 생성, 기존 창 재설계, 메뉴 추가 또는 대화
상자 추가를 통해 SAP Business One을 수정할 수 있음

2004년 초 SAP는 SAP Business One을 위한 새로운 기능과 제품 확장을 개발하기 위해 인증 파트너로 구성된 글로벌 네트워크인 SAP Business One 솔루션 파트너 프로그램을 시작했다. 이 프로그램에서 솔루션 파트너는 SAP Business One 솔루션에 새로운 비즈니스 프로세스 및 산업별 기능을 추가하는 애플리케이션을 개발하기 시작했고, 필자의 회사에서도 이러한 작업을 진행했다.

SAP B1의 향상과 확장을 위한 이러한 솔루션 진화 방안은 오늘날 SAP Business One Core를 기반으로 전 세계적으로 600개가 넘는 Add-On 솔루션을 탄생시켰고, 전 세계적으로 200개 이상의 SAP B1 솔루션 파트너가 시스템을 계속 진화시키고 있다.

SAP B1 분야 사람이 아니라면 잘 이해가 가지 않을 듯하여 알기 쉽게 다시 예를 들어 설명한다.

몇 년 전 한국의 제약회사를 SAP B1으로 구축한 적이 있었다.
제약 산업군은 인체의 안전과 관련되기 때문에 Global Compliance 요구사항과 한국적 Compliance 요구사항 측면으로 반드시 필요한 기능이 있다. 하지만 SAP B1 Core에는 해당 제약 산업군 기능이 없다.

이러한 제약회사 SAP B1 구축을 위해서는 Global Compliance를 충족하는 기능이 필요하다.

당시 이 제약회사 프로젝트를 하기 위해 인도의 SAP B1 파트너사 표준 Add-On으로 개발한 제약 솔루션을 함께 적용하여 구축한 적이 있었다.

대부분의 SAP B1 프로젝트는 이와 같이 진행된다.

즉, 이 프로젝트처럼 제약 산업에서 필요한 기능은 파트너가 개발한 Qualified Add-On 솔루션을 포함하여 SAP B1을 구축하고, 한국적인 추가 요구사항은 SDK를 기반으로 API 연동을 시키면서 프로젝트가 진행된다.

이와 같은 개념으로 한국 고객들이 필요로 하는 제조원가, 수익성 분석 등의 기능을 한국의 SAP B1 파트너가 개발을 하고, SAP B1의 Qualified Add-On으로 인증을 받아서 프로젝트가 진행된다. 개인적인 생각으로는 원가 관련 Add-On 기능은 한국의 B1 파트너가 구현해 놓은 것이 가장 SAP A1 수준에 근접하다고 생각한다.

베트남의 경우는 과거 한국에서 15년 전 SAP B1이 도입되어 고객이 증가하고 있던 시점과 유사하다고 생각한다.

우리가 보유한 SAP B1의 Add-On 수준을 베트남 현지의 SAP B1 파트너들은 아직 역량 부족으로 보유하고 있지 못하다.

이러한 점이 필자의 회사에서도 베트남에 직접 SAP 전문 회사를 설립한 이유이기도 하다.

19 채널 구축

SAP B1이 이렇게 전 세계적으로 기능적 확장이 되기까지는 SAP사의 인력만으로는 불가능했다.

함께하는 전 세계 수백 개의 파트너사가 존재하기 때문에 가능했던 것이다.

SAP가 잘한 것이, SAP ERP 솔루션을 SAP 혼자 팔고 혼자 구축하는 개념을 사용하지 않았다는 것이다. 이것이 현재의 SAP 시장 점유율을 만들었다고 생각한다.

이는 SAP A1이나 B1이나 마찬가지이다.

파트너는 솔루션 판매, 구축 및 교육, 그리고 안정화 유지보수 등을 담당하고, 이를 위해 SAP는 전폭적인 지원을 한다.

이러한 SAP사와 SAP를 구축하는 파트너사의 관계를 'SAP Partner Edge Program'이라고 부른다.

필자의 회사도 여기에 해당된다.

각 국가별 이러한 현지 파트너는 매우 중요하다.

현지 시장과 요구사항을 SAP 본사보다 더 잘 알고 있기 때문이다.

하지만 아무 업체나 SAP의 파트너가 될 수는 없다.

SAP 솔루션의 품질 유지를 위해 신규 파트너가 되는 방법은 점점 더 어려워지고 있다.

즉, 어느 정도 해당 국가에서 실력과 품질이 기본적으로 갖추어진 회사만 SAP사의 파트너가 될 수 있다.

현재는 SAP사의 파트너가 되는 것도 어렵지만 유지하는 것도 은근히 힘들다.

마케팅이나 영업실적 사항에 대해 SAP측으로부터 계속 주는 압력을 감수해야 한다.

이러한 파트너는 실적에 따라 '골드', '실버', '브론즈' 파트너로 레벨이 구분되어 있다(필자의 회사는 현재 골드 파트너이다. SAP 파트너 Level에 대해서는 다른 장에서 상세 설명하였다).

SAP Partner Edge Program은 2005년 중반에 만들어졌다.

물론 기존에도 SAP사의 파트너가 존재했으나 좀 더 수준 있는 SAP 구축과 유지보수를 위해

2005년 중반에 SAP는 파트너와의 관계를 바꾸고 SAP Partner Edge Program을 만들어 파트너에게 고객 가치를 제공하는 데 필요한 지원을 제공하는 완벽한 비즈니스 프레임 워크를 제공했다.

SAP Partner Edge Program에서 SAP사와 파트너사의 협력 요소는 다음과 같다.

- SAP Partner Edge를 통해 모든 SAP Solution의 로드맵과 전 세계 IT 트렌드 공유
- 거의 모든 규모와 유형(골드, 실버, 브론즈)의 파트너에게 독점적인 혜택과 인정을 제공
- 고유한 SAP Partner Edge Value Points 시스템으로 판매, 솔루션 개발 및 역량 구축을 위한 파트너를 인정하고 보상(보통 파트너사들은 이러한 Value Point를 활용하여 세미나 등의 행사와 언론 광고 등에 SAP 지원을 많이 받는다)
- 비즈니스 지원 시스템 및 리소스 세트

SAP의 자료상으로 보면 현재 165개 국가에서 거의 백만 명의 사용자가 SAP B1을 사용 중이고, 55,000명 이상의 고객을 보유하고 있으며, 수천 개의 글로벌 회사와 자회사에서 사용하고 있다.

이를 위한 Business One 구축 파트너는 전 세계적으로 수백 개의 SAP B1 파트너(정확하게는 VAR Partner라고 부른다. 여기서 VAR은 Value Added Reseller라는 의미)가 있다고 하며, 이러한 파트너는 SAP Partner Edge Program을 통해 SAP 지식을 계속 유지하고 진화시키고 있다.

출처: SAP Partner Edge Program

SAP 파트너 Level이나 종류에 대해서는 B1의 역사 부분이 아닌 다른 장에서 좀 더 상세하게 설명하였다.

2004년, SAP Business One 7.1 한국 시장 첫 배포

Current SAP Business One Ramp-up Dates

Release	5.9	6.00	6.01	6.2	6.5	7.0	7.5	6.7	7.1	8.0
Austria			available	Aug/03	Jan/04			March/04		Q4/04
Canada					Oct/03			March/04		Q4/04
China							Sept/03		Q2/04	
Denmark			available	Aug/03	Jan/04			March/04		Q4/04
Finland			available	Aug/03	Jan/04			March/04		Q4/04
France					Oct/03			March/04		Q4/04
Germany		available	available	July/03	Jan/04			March/04		Q4/04
Irish Republic				July/03	Jan/04			March/04		Q4/04
Israel	available			available	Jan/04			March/04		Q4/04
Italy					Oct/03			March/04		Q4/04
Japan									Q2/04	
Netherlands			available	Aug/03	Jan/04			March/04		Q4/04
Norway			available	Aug/03	Jan/04			March/04		Q4/04
Mexico								March/04		Q4/04
Panama	available									
Poland	available						Oct/03			
Portugal					Oct/03			March/04		Q4/04
Singapore									Q2/04	
Spain					Oct/03			March/04		Q4/04
South Korea									Q2/04	
Sweden					Oct/03			March/04		Q4/04
Switzerland			available	Aug/03	Jan/04			March/04		Q4/04
UK				July/03	Jan/04			March/04		Q4/04
USA				available	Jan/04			March/04		Q4/04

Here you can see clearly the first releases of the product to the market

출처: SAP Partner Edge Program

2004년 당시에 발표된 SAP사의 전 세계 주요 국가별 SAP B1 배포 자료이다.

이 자료를 보면 우리나라에는 2004년 2분기경에 SAP B1 7.1 버전이 출시된 것으로 되어 있다.

이 시점이 우리나라에서 처음으로 SAP B1이 시작된 시점이다.

TopManage 솔루션을 SAP가 인수한 것은 2002년경이었으나, 대략 2~3년 동안 SAP 사상을 가미한 R&D를 진행한 후 우리나라에도 SAP B1이 시작된 것이다.

다른 장에서 SAP가 SAP B1을 전 세계 버전으로 개발할 때 클러스터를 3개 권역으로 구분했다고 설명했다.

우리나라의 SAP B1은 아시아 권역을 담당했던 클러스터 B 권역에서 개발되었다.

클러스터 B의 R&D 센터는 중국에 위치하고 있다.

SAP의 첫 업무일인 2003년 1월 6일에 첫 번째 SAP Business One China 개발팀이 중국에서 구성되었다.

전체 팀은 5명의 C++ 개발자로 구성되었다(B1은 닷넷 기반이라고 이미 설명했다).

5명의 개발자는 우선 SAP Business One 개발 교육에 참석하기 위해 독일의 SAP 본사로 보내졌다. 그리고 다른 클러스터의 초기 인력도 모두 모여서 초기 개발 진행을 위한 교육을 받고 다시 중국에서 개발 단계에 들어갔다.

중국 R&D 팀의 첫 과제는 우선 중국 현지화를 개발하고 중국에서

SAP Business One 릴리스 7.0을 시작하는 것이었다.

국가별 특성이 있는 재무 보고서, 보고서 템플릿, 세금 및 현금 관리에 중점을 두고 개발이 진행되었다.

그 당시에도 공교롭게 현재의 코로나바이러스 팬데믹처럼 사스(SARS) 바이러스가 중국에서 발발하였다. 그 당시 초기의 중국 R&D 인력들도 격리된 상태로 재택근무를 하면서 SAP Business One 7.0(첫 번째 B 클러스터 릴리스) 버전이 2004년 여름 시장에 성공적으로 배포되 있다고 한다.

개인적인 경험으로 중국의 세금 업무는 너무도 복잡하다. 현재도 SAP A1이거나 SAP B1이거나 중국의 증치세, 수책 관련 프로세스는 무조건 추가 개발하고 일부 수작업을 담당자가 해야 한다. 이는 SAP 의 기능이 미약해서가 아니다. 중국의 세금 프로세스를 전산 로직으로 모두 담기가 불가능하기 때문이다.

일반적인 수책 프로세스나 관세 환급 프로세스를 알고 있다면 왜 전 산으로 100% 개발이 불가능한지 알 듯하다. 법인세나 연결회계도 마 찬가지이다.

일부 데이터를 최대한 SAP상에서 관리하고 추출한 다음에 사람의 인위적인 작업이 들어갈 수밖에 없다.

TopManage 솔루션 시절 아시아에서 가장 먼저 해당 솔루션을 도입 했던 나라는 싱가포르와 말레이시아였고, 해당 국가에는 구축 파트너도 이미 존재했는데 왜 중국에서 R&D가 시작되었을까?

개인적인 생각인데, 필자가 SAP A1 실무 컨설팅을 맡던 시절에 SAP A1도 각 국가별 현지화 작업을 진행했다.

이미 이때부터 중국에 SAP의 아시아 R&D 센터가 위치하고 있었다. 그 당시 필자의 회사에서도 중국 R&D 센터에 인력을 보내서 SAP A1 국가 버전을 개발하곤 했다.

아마도 이미 중국에 잘 세팅된 R&D 센터가 존재하므로 SAP B1도 중국에서 R&D를 관장하지 않았을까 생각한다.

아무튼 필자가 2004년에 SAP B1을 한국 시장에서 처음 접했을 때에는 그리 흥미를 가지지 못했었다. 필자의 회사는 이미 SAP A1의 한국 골드 파트너로서 SAP B1보다 더 높은 단가로 감당하지 못할 정도의 많은 수많은 SAP A1 프로젝트를 진행 중이었다.

SAP A1 대비 저렴한 구축 비용은 우리 회사의 수익에 그리 도움이 되지 않을 것이라고 판단했다. 또한 A1 대비 지원되지 않는 기능이 많은 B1이 고객에게도 큰 도움이 되지 않을 것이라고 판단했다.

'SAP의 강력한 장점인 실시간 원가분석이 안 되고, 표준원가를 볼 수 없고, 배부 기능이 이렇게 약한 ERP를 과연 고객이 선택하겠는가? 더군다나 고정자산 모듈도 없고, 자금 관리도 없다'가 기능적인 내 생각이었다.

현재 필자의 회사나 다른 SAP B1 파트너에도 위 기능이 모두 탑재되어 있으니 혹시나 SAP B1 구축을 고민하는 사람이 있다면 걱정하지 않아도 될 듯하다. 이제는 SAP A1과 B1이 서로 하나의 고객을 두고 경쟁하는 상황까지 바뀌어 있다. 왜냐하면 현재는 기능적인 차이도 거의 없는 상태이고, 가볍고, 가격까지 저렴하기 때문이다.

따라서 SAP A1과 B1을 함께 컨설팅하고 있는 필자의 회사 입장에서는 과거와는 다르게 SAP B1을 고객에게 더 추천하는 편이다.

21 SAP B1의 리눅스 포팅: HANA DB의 토대가 되다

현지화 외에도 중국 개발 팀은 제품 인프라 작업도 같이 시작했다. 가장 흥미로운 프로젝트는 SAP Business One을 Linux로 포팅하고 여러 데이터베이스 플랫폼(DB2, Sybase, MaxDB)을 지원하는 것이었다 (HANA DB가 출시되기 전에는 SAP B1은 MS-SQL DB만 사용했다고 앞서 설명 했었다).

이 시도는 꽤 괜찮았다고 생각한다.

만약 SAP B1도 A1처럼 여러 DB상에서 구동된다면 고객의 입장에 서는 선택의 폭이 넓어질 수 있기 때문이다.

SAP Business One GUI 양식이 Linux 시스템에서 처음으로 렌더링 되고 실행되는 R&D를 진행했고, DB2에서 최고의 IBM 엔지니어들과 의 협업을 통해 테스트 솔루션이 나오기도 했다.

결과적으로는 Linux가 또 다른 일반적인 데스크탑 OS가 되지는 못 했지만, 이러한 실험과 경험은 나중에 서비스 계층 및 HANA와 같은 메모리 지원 혁신과 관련하여 엄청나게 귀중한 경험이 되었고, HANA DB 개발에 많은 도움을 주었다.

중국 R&D 센터에서 아시아 권역의 SAP B1을 개발 완료하면서 아시아에서 가장 큰 시장 중 하나인 인도에 SAP B1이 들어가게 된다.

이 시점은 우리나라보다 늦은 2007년이다.

인도도 중국 못지않게 세금과 회계 규정이 복잡하다.

필자가 인생 첫 프로젝트인 SAP A1 프로젝트를 1996년 삼성전자 인도 제조법인에서 진행할 때에도 가장 어려웠던 프로세스가 인도 세금 프로세스였다. 인도 HP사로부터 회계 전문 컨설턴트 한 명을 추가 섭외해서 프로젝트를 진행했었다(SAP Partner Edge Program이 탄생하기 전까지 인도는 HP사가 인도 시장의 SAP를 담당하는 파트너였다).

지금도 SAP를 인도에서 구축할 경우 별도의 SAP 인도 버전 패치를 설치하고 프로젝트가 진행된다.

아무튼 2007년에 복잡한 회계 규칙 및 규정으로 유명한 인도에서 SAP B1이 출시되었다. 실제로 Business One이 인도에서 처음 시작되었을 때 아직 구축되지 않은 추가 기능이 필요했기 때문에 프로세스가 비교적 단순했던 산업군 위주로 사용되었다.

SAP B1이 한국보다도 더 늦게 들어간 인도는 시간이 흐른 후 어떻게 되었을까?

회계 복잡성으로 시장 반응이 없었을까?

아시아에서 현재 SAP B1을 가장 많이 사용하고, 가장 많이 판매되

는 시장이 인도 시장이다. SAP Partner Edge Program에서는 1년에
한 번씩 각 나라를 돌면서 SAP B1 Summit을 개최한다.

매우 큰 행사이다.

태국에서 개최되었던 과거 SAP B1 Summit에서 필자의 발표 모습

여기서 전년도의 파트너 실적이 공개되고, 아시아 1위 실적의 파트너
가 공개된다.

항상 인도의 SAP B1 파트너가 아시아 1위 실적이다.

다른 장에서도 설명을 했는데, 인도의 SAP B1 파트너가 구축하는
SAP B1 고객 수는 상상을 초월한다.

인도의 파트너들은 SAP B1 기반으로 인도에서 필요한 프로세스 애

드온을 매우 잘 만들어서 프로젝트를 한다. 필자의 과거 회사에서도 한국에서 프로젝트를 할 때 가끔 인도 파트너의 솔루션을 구매하여 프로젝트를 할 정도이다.

22 SAP 플랫폼의 시장 포지셔닝

The SAP Portfolio

"No matter what size or type of business,
SAP has an appropriate solution ready for you"

SAP® Business One	SAP All-in-One	mySAP™ Business Suite
10- 200 employees 3- 50 users Simple processes: sales, distribution, CRM, MRP and financials	Up to 500 employees Up to 300 users Size of organization or complexity of industry-specific processes, e.g. pharmaceutical, heavy manufacturing	500+ employees > 300 users Size of organization or company-specific processes

© SAP AG 2003, Strategy & Sales / 5

THE BEST-RUN BUSINESSES RUN SAP **SAP**

출처: SAP Partner Edge Program

SAP Partner Edge Program 초기 세미나에 참석하면 항상 보여주던 사진이다.

SAP는 TopManage 인수 후 어느 정도 SAP B1의 R&D가 완료되면서 시장에 제안할 수 있는 SAP ERP의 포지셔닝 작업을 진행했다.

즉, 기업 규모에 따라 SAP B1, SAP A1, mySAP로 제품군을 구분하여 SAP를 제안하였다.

당연히 SAP B1은 TopManage로부터 진화했고, SAP A1과 mySAP는 SAP사의 원래 제품인 SAP R/3를 기업 규모에 따라 구분시켰다.

이 중 SAP A1과 mySAP는 별 차이가 없다.

SAP는 고객 규모나 고객이 속한 산업군에 따라 차이가 있다고 하지만 내 의견은 '똑같다'이다.

위의 SAP 초기 시장 포지셔닝에 언급되지 않은 새로운 종류의 SAP가 하나 더 있다.

앞의 Part Ⅰ에서도 언급을 했는데, 'SAP By-Design'이다.

출처: SAP Global Homepage(blogs.sap.com)

SAP By-Design이 바라보던 마케팅 측면의 개념을 필자가 개인적으로 이해하기에는 '고객님, SAP B1 가격에 SAP A1을 쓰세요'라는 것으로 느껴진다.

하지만 이 책을 쓰는 시점에도 SAP By-Design은 아직 시장에서 큰 파괴력을 보여주지 못하고 있다.

SAP By-Design이 왜 아직 시장에서 큰 영향이 없는지는 이 책의 Part I. 부분에서 간단하게 언급한 내용을 다시 참고하기 바란다.

SAP B1의 글로벌 개발 허브

2003년 1월에 설립된 SAP Business One 개발 팀은 소수의 C++ 개발자 그룹에서 현대적인 프로그래밍 언어 및 최첨단 기술에 대해 깊은 지식을 갖춘 수백 명의 전문가 그룹으로 성장을 했다.

이 팀은 성별, 국적 및 연령 면에서 매우 다양하며 중국뿐만 아니라 슬로바키아, 독일 및 이스라엘에도 있다.

지난 시간 동안 SAP B1 개발 팀 주도로 제품을 진화시킨 것을 크게 3가지 단계로 구분한다면 다음과 같다.

- 2003~2007 : 지리적 확장을 가속화하기 위한 3가지 지역 버전(6.x 및 7.x 릴리스)
- 2008~2010 : 코드 라인 통합, 제품 품질 향상 및 핵심 기능(8.8x 릴리스)
- 2011~2019 : 혁신 및 디지털화의 선두 주자로 SAP HANA, 모바일 앱, 클라우드 및 기타(9.x 릴리스)

그리고 이 책이 출간되는 시점에는 4단계에 와 있다.

바로 웹 베이스 클라우드 SAP B1 HANA Web Client 10.x 버전의 출시이다.

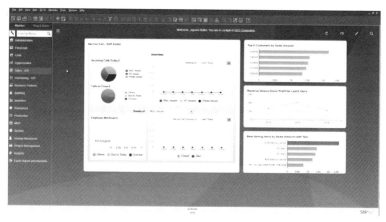

SAP B1 HANA Web Client 초기 화면
출처: 비에스지원 *Tech Team*

(1) 2003~2007: 지리적 확장을 가속화하기 위한 3가지 지역 버전(6.x 및 7.x 릴리스)

이 시기에 한국에서도 SAP B1이 릴리스 7.1 버전으로 출시된다.

SAP가 TopManage를 인수한 후의 주요 노력은 이스라엘의 개발 센터에서 중국, 슬로바키아 및 독일의 새로운 개발 센터로 지식을 이전하는 것이었다.

전 세계에 빠르고 민첩한 방식으로 다양한 지역을 지원하기 위해 세계를 3개의 클러스터(A, B, C)로 나누었다는 것은 다른 장에서 이미 설명했다.

다시 정리해 보면 Cluster A는 주로 이스라엘 개발 센터의 지원을 받아 유럽, 북미에 중점을 두었다. Cluster B는 주로 중국의 개발 센터가 지원하는 아시아, 남미에 중점을 두었다. 그리고 Cluster C는 동유럽 국가에 중점을 두었으며 슬로바키아에 있는 개발 센터가 담당을 하였다.

이 중에서 클러스터 A가 거의 SAP B1의 개발 본산이라고 보는 것이 맞을 듯하다.

대륙별 클러스터를 구분하였을 때 초기 멤버들은 일단 클러스터 A에 참석하여 기초 교육을 받은 후 각 대륙별 클러스터로 돌아가 본격적으로 개발을 하였다.

이때 우리나라의 초기 SAP B1전문가도 클러스터 A에 참여하여 초기 국가별 버전이 탄생할 때 함께 하기도 하였다.

우리나라 SAP B1 역사의 거의 원년 멤버라고 할 수 있겠다. 이분은 현재 필자도 속해 있는 회사의 한국 본사 전체의 SAP B1을 총괄하고 있다.

이 책을 준비하면서 자료 조사를 할 때 이분을 통해 많은 정보를 얻었다.

(2) 2008~2010 : 코드 라인 통합, 제품 품질 향상 및 핵심 기능
(8.8x 릴리스)

2007년 이전에 SAP Business One은 전 세계 시장에 SAP B1의 빠

른 확장을 극대화하는 것에 초점을 맞추고 있었다. 이를 위해 이 시기의 SAP B1은 3가지 지역 버전이 있었다. 즉, 같은 SAP B1이지만 엄밀히 보면 지역 버전마다 약간 다른 SAP B1이라고 볼 수 있다.

이렇게 지역 버전이 상이하다는 것은 향후 SAP B1의 기능을 진화시키는 데 문제가 있었다.

어떠한 기능을 추가 탑재할 때 작업을 세 번 해야 하는 것이다.

국가별 법규를 준수하도록 하는 Compliance 측면에서 지역별 버전이 존재하는 것과 Global 표준 모범 사례를 즉시 탑재 시키는 것이 고민이 되던 시절이었다.

이 시기는 전 세계 시장에서 SAP B1이 TopManage 시절보다 폭발적으로 확대되던 시기이다.

SAP는 이 도전을 극복하기 위해 매우 큰 '대형 수술'이 필요했다. 해결책은 모든 지역 버전의 코드 라인을 통합하고, 보다 정교한 인프라를 구축하고, 미래의 지속가능한 성장을 지원하기 위해 중요한 코드 리팩토링을 수행하는 것이었다.

무슨 이야기인가 하면, 한마디로 SAP B1의 내부 DB설계와 코드 체계의 프레임을 완전히 새로운 통합 버전으로 다시 만든 것이다.

이 작업은 정말 어려운 작업이다.

예를 들어 예전에는 필자의 회사만 하더라도 각각의 고객별로 SAP B1 구축 프로젝트를 진행할 때 고객사별로 필요에 의해 개발된 기능이 개발한 인력에 따라 로직이 상이하였다.

이러다 보니 여러 고객의 동일한 요구사항으로 개발된 애드온을 여러 개발자가 범용적으로 사용하기 어려웠다.

이를 위해 회사에서 보유하고 있는 SAP B1 애드온을 하나의 프레임으로 동일하게 모든 코드와 체계를 변경하는 작업을 한 적이 있다.

즉, SAP B1 프로젝트를 수행할 때 반드시 개발 준칙을 지키면서 개발을 하고, 각 고객별로 특이하게 필요한 기능은 해당 프레임과 상관없이 진행되도록 하는 방법론이 필요했던 것이다.

프로젝트를 진행하는 컨설턴트나 개발자 입장에서는 조금 불편할 수 있다.

하지만 이렇게 표준 프레임 기반에 애드온 개발이 진행되도록 만들어 놓으면 SAP B1의 안정성이 매우 높아진다.

이러한 작업을 SAP측에서 진행했던 시점이라고 이해하면 된다.

(3) 2011~2019: 혁신 및 디지털화의 선두 주자로 SAP HANA, 모바일 앱, 클라우드 및 기타(9.x 릴리스)

SAP B1의 근간이 새롭게 SAP HANA 버전으로 이동했던 시절이다.

물론 SAP B1뿐만 아니라 SAP A1도 HANA로 이전되었던 시점이다.

2011년 중반 SAP는 In-Memory 기반 관계형 데이터베이스 관리 시스템인 SAP A1 HANA를 발표했다.

참고로 HANA DB는 한국의 서울대학교에서 먼저 개발된 DB이고 이것을 SAP가 인수한 것이다. 당시 오라클 DB가 점령하던 SAP runtime DB시장을 SAP용 DB에서는 자체 DB로 바꿔버린 큰 전환점이었다.

A1이 HANA로 바뀌는 솔루션 혁신의 필요성에 부응하여 Business

One 개발 팀도 SAP Business One을 SAP HANA로 마이그레이션하는 프로젝트를 시작하게 된다.

이 새로운 버전의 SAP Business One에는 인증된 서버가 필요했으며 파트너가 솔루션을 배치하고 제공하는 방식에 상당한 변화가 있었다. 따라서 이러한 변경사항(설치, 교육, 가격, 포지셔닝, 메시징 등)을 다루기 위한 시장 진출 프로그램이 가동된다.

2012년 2월 말, SAP는 SAP HANA에 의해 구동되는 SAP Business One Analytics와 SQL 버전이 함께 실행되는 병렬 솔루션을 출시했다.

전 세계에서 최초로 SAP B1 HANA 프로젝트의 고객이 된 것은 네덜란드 고객이었다.

그리고 두 번째로는 CeBIT 박람회에서 SAP B1 HANA를 알게 된 독일 고객이 서명을 했다.

유럽 쪽에서 먼저 SAP B1 HANA 구축 사례가 시작되었는데, 현재 전 세계에서 가장 많은 SAP B1 HANA 구축을 진행한 나라는 어디일까?

이 책을 처음부터 읽은 독자는 예상하겠으나, 인도의 사례가 가장 많다.

인도는 아시아 시장에서 SAP B1을 거의 찍어내듯 판매하는 시장이다. 또한 SAP B1 파트너 Add-On 기능도 가장 많은 듯하다. 그리고 고객들도 거의 추가 요구사항 없이 SAP B1을 사용한다.

이는 해당 나라의 문화적 특성에서도 기인하는 듯하다.

우리나라도 비록 구축 개수에서는 크지 않지만, SAP B1 Add-On 분야에서는 아마도 전 세계 최고 수준일 듯하다.

특히 원가 Add-On 분야에서는 아마도 전 세계 파트너 대비 최고의 성능일 것이다.

현재 수천 명의 SAP Business One 고객이 전 세계에서 SAP Business One HANA 버전을 사용하고 있다.

그리고 이 시기에 또 다른 큰 변화가 있게 된다.

바로 클라우드에서 SAP Business One을 사용하게 된 것이다.

이때 SAP B1 HANA 클라우드와 애초부터 클라우드 버전으로 설계된 SAP Business By-Design이 우리와 같은 파트너사에게 한동안 고민을 주던 시절이었다.

앞 장에서도 이야기했지만 SAP By-Design보다는 SAP B1이 우리와 같은 파트너사나 고객 입장에서는 우위에 있다고 생각한다(물론 SAP사 입장은 필자 개인의 의견과 다르다고 본다).

지금도 SAP Innovation Summit에 참석해 보면 SAP B1과 SAP By-Design을 함께 진행한다.

24 SAP의 최신 트렌드를 발표하는 Global Seminar

지금까지 SAP B1의 탄생과 진화 과정에 대하여 설명을 하였다.

아직도 SAP는 계속 진화 중에 있다.

만약 SAP 관련 업계에 종사하는 사람인 경우 SAP의 최신 트렌드와 각각의 전 세계 파트너사들이 어떠한 솔루션과 어떠한 구축 기법을 사용하는지를 지속적으로 파악하기를 추천한다.

물론 각 국가별 SAP 지사를 통하는 방법도 있으나 시간과 비용이 허락한다면 SAP의 연중 최대 행사에 참석해 보는 것도 추천한다.

SAP사의 전 세계 최대의 연중 행사는 3가지가 있다.

우선 SAP 샤파이어 행사이다. 미국의 라스베가스처럼 유명 도시에서 이 행사가 열리면 대부분의 호텔에 방이 없다. 고객들에게 인사이트를 주는 행사로 수많은 파트너사들이 본인 회사의 주요 고객을 모시고 참석한다. 한국에서는 대부분 대형 고객 대상 마케팅 목적으로 사용된다. SAP의 3대 Global 행사 중 최대의 연중 행사이다.

아직 필자는 가 본 적이 없다(솔직히 말하자면, 아무리 화려한 라스베가스를 구경할 수 있는 기회라고 해도 굳이 고객을 모시고 가고 싶지는 않은 것이 솔직한 심정이다).

그리고 매년 1월경 개최되는 FKOM이란 행사가 있다. 일종의 연초 전 세계 SAP 파트너들의 Kick-Off 모임이다. SAP A1, B1 파트너가 대상이며 고객 대상 행사는 아니다. 실제 행사는 거의 SAP A1 위주로 진행된다.

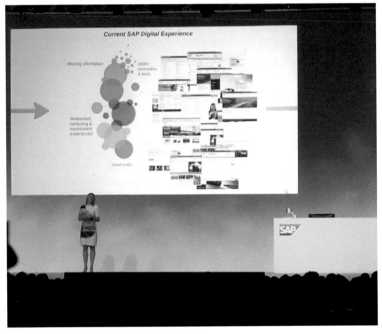

SAP사의 최신 트렌드 소개 장면

싱가포르에서 진행되었던 FKOM 행사 중 솔루션 소개 부스에서 타 파트너에게
솔루션 내용 설명 중인 장면. SAP 최신 동향 소개와 SAP 파트너들 간 교류의 목적이 크다.

또 SAP Innovation Summit이라는 행사가 있다. 보통 매년 3월 초
에 진행된다.

전 세계 SAP B1 파트너들의 최대 행사이다. SAP B1 파트너들에게는
매우 좋은 행사이다. 각 국가별 파트너들이 어떠한 애드온 솔루션을
출시했고, 어떠한 마케팅을 진행하는지에 대한 최신의 정보를 얻을 수
있다. 또한 파트너가 보유한 SAP B1 애드온 솔루션을 다른 나라 파트
너들에게 홍보할 수 있는 좋은 기회의 장이다.

베트남에서 열렸던 Summit
(베트남이 SAP B1의 이머징마켓이 되면서 열린 베트남 최초의 SAP 대형 행사였다)

Summit에서 각 국가별 최대 실적의 SAP B1 파트너 연탁 포럼에 초청된 필자가 설명하는
장면(사진 맨 왼쪽이 SAP B1의 기술부분을 총괄하는 Finn Baker이다)

SAP사는 1972년 독일에서 탄생한 기업용 전문 소프트웨어 회사이다. 초기에는 5명이 시작했고, 거의 50년이란 시간이 지나면서 현재와 같은 글로벌 거대 IT 기업으로 성장하였다.

SAP사도 초기에는 초라한 스타트업으로 시작하였고, 그 스타트업이 성장하여 지금의 규모가 된 것이다.

SAP사가 현재의 위치까지 올 수 있었던 요인 중 하나는 전 세계에서 SAP ERP와 시너지가 발생할 수 있는 여러 솔루션이나 기술을 인수한 측면도 크다.

TopManage 솔루션도 이러한 인수를 통해 더 큰 시장에서 더 큰 확장이 가능했던 사례이기도 하다.

SAP사는 앞으로 어떠한 방향으로 현재의 자리를 지키면서 더 확장을 하게 될 것인가?

이를 예측하기 위해서는 당연히 IT 기술의 발전을 관찰해 보아야 한다.

하지만, SAP ERP가 기업에서 사용되는 목적성을 통해서도 예측할 수 있는 것이 있다.

SAP ERP는 생산, 구매, 영업, 회계와 같이 기업 운영의 가장 중요한 뼈대를 이루는 업무 프로세스 위주의 시스템이다.

기업이 발전을 한다고 해도 생산, 구매, 영업, 회계 업무는 계속 지속된다. 단지 해당 업무를 어떠한 새로운 IT 환경에서 하게 될 것인가의 변화가 지속되는 것이다.

예를 들어 현재 off-line 위주의 매장이 대대적으로 on-line으로 변경되고 있고, 이 변화는 코로나 팬데믹 이후 더욱 확대될 것이다.

이때는 창고, 물류 배송 관련 IT 기술이 더 중요해진다.

SAP사는 이러한 IT 진화가 발생할 경우 기존 SAP ERP에 WMS 관련 솔루션을 추가 인수하거나 개발하여 탑재한다.

현재 SAP사의 eWMS 솔루션과 같은 형태로 계속 3rd Party 솔루션이 SAP ERP Core에 연동되도록 탑재되고 있다.

즉, SAP가 기업의 뼈대를 이루는 솔루션을 보유하다 보니 새롭게 변경되는 기업 활동을 위한 다른 솔루션을 추가 연동시키기가 유리하다.

아마도 SAP는 이러한 형태로 진화할 듯하다.

SAP ERP가 HANA DB로 변경된 후 현재까지 새롭게 시도되는 것의 대부분은 3rd Party 솔루션을 연동하여 탑재시키는 방식이 주를 이룬다.

물론 SAP사의 내부 연구·개발진이 어떠한 사상과 어떠한 미래 예측으로 Road Map을 가지고 갈지는 외부인 입장에서는 모른다.

현재 시장에는 SAP를 사용하는 고객을 대상으로 SAP보다 더 저렴하게 SAP를 유지보수해주는 업체도 생겨났다. 대표적으로 '리미니 스트리트' 같은 회사는 SAP 유지보수 비용을 SAP사 대비 거의 반값으로 받고 MA 서비스를 수행한다.

이미 이 회사는 글로벌 수준까지 확장되어 있다.

고객을 만나 보면 SAP를 사용할 때 발생하는 MA비용에 대해 부담을 가지는 기업이 매우 많다.

또한 SAP상의 데이터 입력을 더욱 손쉽게 하는 제반 기술도 발전 중이다.

현재는 RPA(Robotic Process Automation) 솔루션을 활용하여 SAP의 입력을 자동화하는 것에도 많은 기술 발전이 되어 있다.

보통 기업에서 수많은 계약 문서를 RPA가 OCR 인식 후 주전산 시스템에 자동으로 입력하는 목적 등으로 사용된다.

현재는 SAP 입력 관련 업무도 RPA 자동화 추세에 있다. SAP 사용이 더 쉬운 방향으로 발전하는 중인 것이다. 즉, 직접 입력 없이 로보틱 프로세싱 자동화 tool인 RPA 솔루션과 SAP, 그리고 기타 연관 시스템의 연동을 별도 개발 없이 연동하는 방식을 활용 중이다.

고객이 불편함을 느끼는 것을 해결하지 못할 때 새로운 대안이 생기면 언제든지 고객은 떠나버린다. 아마도 SAP는 이러한 대안에 대해, 다른 회사로부터가 아닌 스스로가 해결책을 주면서 전 세계 수십만 고객을 지키려고 노력할 것이다.

위와 같은 새로운 시도가 있을 때, 그 시도가 필자에게 흥미를 유발하면 그때 다시 한 번 관련된 책을 써 보도록 하겠다.

○ SAP Global Homepage
  [www.sap.com]

○ SAP official blog page
  [www.blogs.sap.com]

○ SAP Business One Homepage
  [www.sap.com/businessone/smb]

○ BSG Partner Homepage
  [www.BSGGlobal.com]

○ BSGONE Homepage
  [www.BSGone.com]

○ MTC Systems in USA's SAP history posting in Homepage
  [www.mtcsys.us]

○ BSGONE Tech Team R&D Research Database (2006년~2019년 자료)

○ 『ERP 컨설팅 주변 이야기』, 권영근, 2015, 북랩